Fabliaux

Première de couverture : © BNF, Paris.
Deuxième de couverture : [h] © Bridgeman Giraudon ; [b] © Costa / Leemage.
Troisième de couverture : [h] © Luisa Ricciarini / Leemage ; [b] © British Library Board / Robana / Leemage.

Imprimé en Espagne par Novoprint (Barcelone) – N° d'édition : 006452-01 – Dépôt légal : août 2013.

ISBN 978-2-7011-6452-6
ISSN 1958-0541

CLASSICOCOLLÈGE

Fabliaux

Traduction et adaptation de Pierre-Marie Beaude

Dossier par Virginie Manouguian

Certifiée de lettres modernes

BELIN ■ GALLIMARD

Sommaire

Introduction

Une femme gourmande et menteuse, un paysan devenu médecin, un bourgeois qui entend des voix, un voleur bien naïf et un prévôt sans scrupule... Dans les fabliaux du Moyen Âge, on rit de tous, qu'ils soient riches ou pauvres, malins ou naïfs, cupides ou généreux. Paysans, bourgeois, prêtres, femmes et enfants sont les auteurs habiles ou les victimes malheureuses de tromperies en tout genre qui donnent lieu à des récits savoureusement comiques.

Composés à l'origine en vers, les fabliaux ont d'abord été transmis oralement par les ménestrels qui les récitaient sur les places publiques, chez les bourgeois ou à la cour des seigneurs, à l'occasion de fêtes et de veillées. Par la suite, ils ont été retranscrits sur des manuscrits par les clercs, des intellectuels qui savaient lire et écrire. Les fabliaux amusent autant qu'ils instruisent: se moquant de tout et de tous, ils délivrent une morale parfois bien peu morale... Entrez dans l'univers réjouissant de ces courtes histoires dont les thèmes et les moralités ont inspiré bien des auteurs et continuent de divertir les lecteurs d'aujourd'hui.

Les Perdrix[1]

J'ai pour habitude de dire[2] des fabliaux, mais aujourd'hui, je veux, au lieu d'une fable, rapporter une histoire vraie. Il s'agit d'un vilain[3] qui, par chance, avait pris deux perdrix au pied de sa haie.

Il mit grand soin à les préparer. Sa femme, en bonne cuisinière, fit le feu et les mit à tourner sur la broche pendant que le vilain courait inviter le prêtre. Mais il tarda tant et si bien que les perdrix se trouvèrent cuites. La dame les retira de la broche, et préleva un petit morceau de peau rôtie. Un régal !

Il n'était pas au monde, à vrai dire, une personne plus gourmande. Elle ne demandait pas à Dieu la richesse, mais simplement qu'il comble toutes ses envies. Elle attaque donc l'une des perdrix, en mange les deux ailes, s'en va guetter au milieu de la rue si son homme arrive. Personne ! Elle revient vite à la maison pour s'occuper de ce qui reste de la perdrix : ce serait trop dommage d'en laisser, même un petit morceau.

À bien y réfléchir, elle aimerait aussi manger l'autre. Et si on lui demande où sont passés les volatiles, elle saura très bien quoi répondre : les deux chats sont venus pendant qu'elle les retirait

1. **Perdrix** : oiseaux qu'on chasse pour les consommer.
2. **Dire** : raconter.
3. **Vilain** : paysan.

de la broche ; ils les lui ont arrachés des mains. Chacun s'est sauvé avec le sien. Voilà ce qu'elle dira.

Elle retourne dans la rue pour guetter son mari qui ne vient toujours pas. Alors la salive lui monte à la bouche en pensant à la seconde perdrix. Sûr qu'elle va devenir enragée si elle n'en goûte pas un petit quelque chose ! Délicatement, elle en prélève le cou ; elle se le mange avec délices et se pourlèche les doigts.

– Las[1], dit-elle, et maintenant ? Si je mange tout, qu'est-ce que je vais pouvoir dire ? Mais je ne peux pas laisser ce qui reste. J'en ai bien trop envie ! Tant pis, on verra bien… Pas question d'en laisser !

L'attente se prolongea tellement que la dame finit par tout avaler.

Le vilain fut enfin de retour ; il s'écria :

– Et alors, elles sont cuites, ces perdrix ?

– Mon homme, dit-elle, ça ne pouvait pas être pire ! Les chats les ont mangées ! D'un bond, le vilain passe la porte et se jette sur sa femme comme un enragé. C'est tout juste s'il ne lui arrache pas les yeux. Alors elle crie :

– C'était pour rire, voyons ! Recule-toi, méchant diable ! Je les ai couvertes pour les tenir au chaud.

– Je t'aurais chanté de drôles de laudes[2] ! Allons ! Mon beau hanap[3] de bois précieux et ma plus belle blanche nappe. Je vais l'étendre sur ma chape, sous la treille[4], dans ce pré.

– Prenez aussi votre couteau qui a grand besoin d'affûtage[5]. Aiguisez-le donc sur cette pierre de la cour.

---

1. **Las** : hélas.
2. **De drôles de laudes** : de drôles de chansons (ironique). Les laudes sont des chants religieux destinés à rendre hommage à Dieu.
3. **Hanap** : coupe pour boire.
4. **Chape** : grand manteau ; **treille** : vigne grimpant le long d'un mur.
5. **Affûtage** : action qui consiste à aiguiser la lame d'un couteau.

C'est alors qu'arriva le chapelain[1], qui venait ici manger: sans tarder il salua la femme et l'embrassa bien doucement. Mais elle dit simplement:

– Sire, fuyez, fuyez! Je ne veux pas vous voir subir la honte pendant qu'on vous agresse. Mon homme est dehors en train d'aiguiser son grand couteau. Il dit qu'il veut vous trancher les oreilles, si jamais il vous attrape!

– Mon Dieu, s'exclama le prêtre, que dis-tu là? Nous devions manger deux perdrix qu'il avait prises ce matin!

– Par saint Martin, reprit la femme, il n'est ici perdrix ni volatile. Ce serait certes un bien bon repas, mais regardez là-bas comme il aiguise son couteau.

– Je le vois, dit le prêtre. Sur ma tête, je crois bien que tu dis vrai.

Il ne demanda pas son reste et s'enfuit à toute allure. Alors la femme s'écria:

– Venez vite, sire Gombaut!

– Que se passe-t-il? dit-il. Que Dieu te garde!

– Ce que j'ai? Vous allez le savoir! Courez vite, sinon vous allez y perdre, je crois. Car, par la foi que je vous dois, le prêtre emporte vos perdrix.

Le bonhomme furieux court après le chapelain, le couteau à la main. Il l'aperçoit, il crie:

– Vous ne les emporterez pas!

Et de crier[2] encore plus fort:

– Vous les emportez toutes chaudes. Mais vous allez me les laisser si je vous rattrape! Vous seriez mauvais compagnon à vouloir les manger sans moi!

Le prêtre se retourne et voit le vilain qui le poursuit, le couteau à la main. Il va se faire occire[3] si jamais il est rejoint. Ce n'est pas le moment de ralentir! Et l'autre continue sa poursuite, croyant

1. **Chapelain**: prêtre qui a la responsabilité d'une chapelle.
2. **De crier**: il continue à crier.
3. **Occire**: tuer.

récupérer ses perdrix ! Mais le prêtre, sur sa lancée, parvient à s'enfermer dans sa maison.

Le vilain rebrousse chemin et demande à sa femme :

– Holà, dis-moi comment tu as perdu les perdrix !

Elle répond :

– Que Dieu m'aide ! Dès que le prêtre m'a vue, il m'a priée d'avoir la grande bonté de lui montrer les perdrix. Cela lui ferait plaisir de les voir. Je l'ai donc emmené tout droit là où je les tenais au chaud. Il les a prises à pleines mains et s'est enfui. Je n'ai pas couru après. Vite, je vous ai appelé.

– C'est peut-être vrai, répond-il. Bah, laissons ce prêtre où il est !

Ainsi furent dupés[1] le prêtre et Gombaut, l'attrapeur de perdrix.

Ce fabliau montre que la femme est faite pour tromper. Elle tourne le mensonge en vrai, et le vrai en mensonge.

Je n'en rajouterai pas, et je termine ainsi l'histoire des perdrix.

1. **Dupés** : trompés, bernés.

Le Vilain devenu médecin (Le Vilain Mire[1])

Il y avait une fois un riche vilain très avare et qui dépensait toujours à regret. Il était sans cesse à sa charrue, attelée d'une jument et d'un roussin[2] qu'il conduisait lui-même. Et pour son usage ordinaire, il avait toujours assez de viande, de pain et de vin.

Mais ses amis et les gens du pays le blâmaient[3] beaucoup de n'avoir pas de femme.

– J'en prendrai une volontiers, une bonne, si je la trouve, disait-il.

Ils lui promirent qu'ils se mettraient à la recherche de la meilleure qu'ils pourraient lui trouver.

Au pays vivait un chevalier, vieil homme et sans épouse. Il avait une fille très belle, demoiselle très courtoise[4]. Mais parce que la richesse lui manquait, le chevalier ne trouvait jamais personne qui vînt demander la main de sa fille. Il l'eût volontiers mariée, car elle était d'âge à prendre un mari.

Les amis du vilain vinrent demander au chevalier de donner sa fille à ce paysan qui avait tant d'or et d'argent, et quantité de

1. **Mire** : médecin.
2. **Roussin** : cheval trapu et fort utilisé pour tirer de lourdes charges.
3. **Le blâmaient** : lui reprochaient.
4. **Très courtoise** : belle, bien éduquée et au caractère agréable.

froment[1] et de linge. Aussitôt, il accepta ce mariage. Et la jeune fille, qui était fort sage, n'osa pas contredire son père, car elle était orpheline de mère. Elle accepta la décision. Et le vilain précipita les noces ; il épousa la jeune fille qui avait grand chagrin de ne pouvoir faire autrement.

Une fois passé tout le souci des noces, il ne faut pas longtemps au vilain pour penser qu'il a fait mauvaise affaire. Avoir une fille de chevalier ne lui convient guère. Quand il ira à la charrue, quelque jeune et noble garçon, pour qui tous les jours sont fériés[2], viendra se promener dans la rue. Et quand il s'éloignera de sa maison, viendra ensuite le chapelain, aujourd'hui et demain, jusqu'à ce qu'il séduise sa femme… Jamais celle-ci ne l'aimera. Il ne vaudra pas à ses yeux plus que deux pains.

– Hélas ! Pauvre de moi ! fait le vilain. Et maintenant que décider ?

Se repentir[3] ne sert à rien. Il commence alors à réfléchir à la façon de la garder pour lui :

– Dieu ! fait-il, si je la battais le matin au réveil ? Elle pleurerait tout le jour et je m'en irais tranquille à mon labour[4]. Sûr ! Tant qu'elle pleurerait, personne ne lui conterait fleurette[5]. Et le soir, à mon retour, par Dieu je lui demanderais pardon. Le soir, je la rendrais heureuse, et le matin, je la battrais pour qu'elle reste fâchée toute la journée et que personne n'ait envie de venir la trouver.

Le voilà qui, avant de partir, réclame à manger. Sa femme s'empresse de le servir. Pas de saumon ni de perdrix, mais du vin et des œufs frits et un grand choix de fromages que le vilain possède en cave.

---

1. **Froment** : blé.
2. **Pour qui tous les jours sont fériés** : qui ne travaille pas, contrairement au paysan qui doit travailler dans les champs.
3. **Se repentir** : regretter ce que l'on a fait.
4. **Labour** : travail de la terre.
5. **Personne ne lui conterait fleurette** : personne ne lui ferait la cour, ne tenterait de la séduire.

Et quand la table est débarrassée, avec sa grande et large paume, il se met à frapper si fort sa femme au visage qu'elle en garde la marque des doigts. Puis il la prend par les cheveux. C'est un homme très violent. Il la bat comme si elle avait fait quelque chose de mal. Puis il s'en va aux champs allégrement[1], laissant sa femme en pleurs.

– Hélas, dit-elle, que faire ? Comment trouver conseil ? Je ne sais plus où j'en suis. Mon père m'a bien trahie en me donnant à ce vilain ! Allais-je donc mourir de faim ? C'est vrai, j'avais dans le cœur de la rage quand j'ai accepté ce mariage. Dieu ! Mais pourquoi ma mère est-elle morte ?

Elle se met dans un tel état que tous les gens qui viennent la voir n'ont plus qu'à faire demi-tour. Elle se lamente ainsi jusqu'à ce que le soleil disparaisse et que son mari reparaisse. Il se jette aux pieds de sa femme et prie Dieu de lui pardonner :

– Sachez que c'est l'Ennemi des âmes, le Diable, qui m'a poussé à faire le mal. Tenez, j'en fais serment[2], jamais plus je ne vous toucherai. De vous avoir battue si fort je suis en colère contre moi ; je regrette vraiment.

Il parle si bien, le misérable[3], que la dame lui pardonne. Et elle lui sert à manger ce qu'elle a préparé. Après quoi, ils vont se coucher en paix.

Mais voilà qu'au matin, le vilain puant se remet à frapper sa femme ; peu s'en faut qu'il ne l'estropie[4]. Après quoi il retourne aux champs labourer.

La dame se remet à pleurer.

« Hélas, songe-t-elle, que faire ? Comment trouver conseil ? Le malheur est tombé sur moi. A-t-on jamais battu mon mari ? Il ne sait pas ce que c'est que subir les coups. S'il le savait, pour rien au monde il ne m'en donnerait tant ! »

---

1. **Allégrement** : avec l'esprit léger.
2. **J'en fais serment** : je le jure.
3. **Le misérable** : le pauvre homme.
4. **Peu s'en faut qu'il ne l'estropie** : il manque de la blesser gravement.

Ainsi se lamentait-elle quand survinrent deux messagers du roi, chacun montant un blanc palefroi[1]. Ils piquèrent des deux[2] vers la dame, la saluèrent au nom du roi et lui demandèrent à manger car ils en avaient grand besoin. Elle les servit de bon gré[3].

– D'où êtes-vous et où allez-vous ? demanda-t-elle. Dites-moi ce que vous cherchez.

– Pour tout dire, dame, répondit l'un d'eux, nous sommes des messagers du roi. Il nous a donné pour mission de chercher un médecin. Nous irons jusqu'en Angleterre s'il le faut.

– Pourquoi faire ?

– Damoiselle Ade, la fille du roi, est malade. Huit jours ont passé sans qu'elle ne puisse boire ni manger. Une arête de poisson lui est restée dans le gosier. Le roi en est très peiné. S'il la perd, adieu la joie.

La dame dit :

– Vous n'irez pas si loin que vous pensez, car mon mari est bon médecin, je vous le dis et vous le jure : il s'y connaît mieux en remèdes et en évaluation des urines qu'Hippocrate[4] lui-même.

– Dame, vous plaisantez ?

– Je n'ai pas l'esprit à la moquerie. Mais il a un sale caractère. On est obligé de le battre si on veut obtenir de lui quelque chose. Il refusera de guérir Damoiselle Ade si vous ne lui administrez[5] pas quelques bons coups de bâton.

– On pourrait s'en charger, disent-ils. Il aura sa bonne part. Où peut-on le trouver, dame ?

– Il est aux champs. Quand vous sortirez de la cour, suivez le ruisseau jusqu'à ce que vous passiez un mauvais chemin. La

---

1. **Palefroi** : cheval prestigieux, destiné au voyage et au loisir.
2. **Ils piquèrent des deux** : ils se dirigèrent tout droit.
3. **De bon gré** : volontiers.
4. **Hippocrate** (environ 460-377 av. J.-C.) : médecin grec de l'Antiquité considéré comme le père de la médecine.
5. **Administrez** : donnez.

toute première charrue que vous trouverez, c'est la nôtre. Allez ! À saint Pierre l'apôtre, je vous recommande.

Les deux éperonnent[1] leurs montures et trouvent le vilain. Ils le saluent au nom du roi, et lui disent de les accompagner sans plus tarder.

– Pourquoi faire ? demande le vilain.

– Pour le grand don que vous avez. Il n'y a pas meilleur médecin que vous sur cette terre. Nous sommes venus de loin vous chercher.

Quand le vilain s'entend appeler médecin, son sang se met à bouillir. Il dit qu'en médecine, il ne connaît rien de rien.

– Qu'avons-nous besoin d'attendre ? dit l'un des messagers à son compagnon. Tu sais qu'il veut être battu avant de bien dire et bien faire.

L'un le frappe sur l'oreille, l'autre lui tâte l'échine[2] à l'aide d'un bâton qu'ils ont long et gros. Grande honte ils lui font avant de le conduire chez le roi. Ils l'y poussent à reculons, la tête en place des talons.

Venant à leur rencontre, le roi demanda :

– N'avez-vous rien trouvé ?

– Si fait[3], Sire.

Et le vilain de peur en tremble. L'un des messagers explique alors au roi les défauts du vilain, comment par pure méchanceté, il ne fait rien de ce qu'on lui demande avant d'être battu bien fort.

– C'est un mauvais médecin, dit le roi. Jamais je n'en ai entendu parler. Qu'on le batte, puisque c'est ainsi.

Un domestique dit :

– Je suis prêt. Donnez-m'en l'ordre et je lui paie ce à quoi il a droit ! Mais le roi se tourne vers le vilain :

– Écoutez, maître, fit-il. Je vais faire venir ma fille qui a grand besoin de guérir.

---

1. **Éperonnent** : font avancer leurs chevaux en leur pressant les flancs à l'aide des éperons, pièces de métal fixées sur les bottes des cavaliers.
2. **Lui tâte l'échine** : lui donne des coups dans le dos.
3. **Si fait** : si.

Le vilain supplia qu'on l'épargne :

– Sire, par Dieu qui jamais ne mentit, je vous assure que je n'y connais rien en médecine !

– Très étonnant, répondit le roi. Qu'on le batte !

Le vilain est aussitôt saisi et les domestiques le battent de bon cœur.

En encaissant les coups, le vilain se trouva bien fou :

– Arrêtez ! cria-t-il. Je guérirai votre fille sans tarder !

La jeune fille était dans la salle, le visage très pâle, et le vilain se demanda comment diable il pourrait la guérir. Peut-être en la faisant rire jusqu'à ce que l'arête, qui n'est pas partie loin dans le corps, finisse par sortir ? Il dit alors au roi :

– Qu'on fasse un feu dans la salle et qu'on me laisse ; vous verrez bien ce qui arrivera. S'il plaît à Dieu[1], je guérirai votre fille.

Le roi donna l'ordre de faire un grand feu. Valets et écuyers[2] s'activèrent pour allumer la cheminée comme le roi l'avait commandé. Et la jeune fille s'assied tout près, sur un siège qu'on lui a préparé. Alors le vilain se déshabille, il enlève ses caleçons et se retrouve tout nu. Il s'allonge près du feu et commence à se gratter comme s'il avait des puces. Devant un tel spectacle, la jeune fille en veut oublier son mal et éclate de rire. Elle rit si fort que l'arête sort de son gosier et tombe dans la cheminée. Vite le vilain se rhabille, attrape l'arête et sort de la chambre en héros. Apercevant le roi, il s'écrie que sa fille est guérie :

– Tenez, voici l'arête ! Dieu soit remercié !

Le roi ne retient pas sa joie et dit au vilain :

– Sachez que je vous aime par-dessus tout. Vous aurez les plus riches habits.

– Merci, Sire, je n'en veux pas. Je n'ai pas l'intention de m'attarder ici, je dois rentrer chez moi.

---

1. **S'il plaît à Dieu** : si Dieu le veut.
2. **Écuyers** : jeunes nobles au service des chevaliers.

– Il n'en est pas question, répond le roi. Mon maître et mon ami tu es et tu resteras.

– Merci, Sire, par saint Germain. Mais il n'y a pas de pain chez moi. Quand je suis parti hier matin, on devait en faire provision au moulin.

Le roi appelle deux garçons :

– Battez-le moi. Il restera !

Ceux-ci lui sautent dessus sans délai et le malmènent méchamment.

Quand le vilain sent pleuvoir les coups sur les bras, les jambes ou le dos, il crie grâce[1] :

– Je resterai ! Mais fichez-moi la paix !

Le vilain reste donc à la cour. On l'a tondu[2], rasé, on l'habille d'une robe d'écarlate[3]. Il se croyait enfin tranquille lorsque les malades du pays, plus de quatre-vingts à ce qu'on dit, arrivèrent en masse chez le roi, et chacun de raconter son malheur. Le roi appela le vilain :

– Maître, dit-il, j'attire votre attention sur ces gens. Prenez soin d'eux, et guérissez-les-moi vite.

– Pitié, Sire, dit le vilain. Il y en a trop. Si Dieu ne m'aide, je ne pourrai en venir à bout, je ne pourrai pas tous les guérir !

Le roi appela deux garçons, et chacun arriva muni d'un gourdin[4], sachant bien pourquoi le roi les faisait venir.

À leur vue, le vilain se mit à frémir :

– Pitié ! s'écria-t-il. Je vais les guérir sans tarder.

Il demanda du bois, on lui en apporta autant qu'il en voulait. Dans la salle on alluma un grand feu qu'il surveilla lui-même. Il rassembla les malades et pria le roi de quitter la salle avec ceux qui n'avaient rien. Le roi sortit tranquillement avec ses gens.

Le vilain dit aux malades :

---

1. **Il crie grâce** : il les supplie d'arrêter.
2. **On l'a tondu** : on lui a coupé les cheveux.
3. **Écarlate** : étoffe de grande qualité.
4. **Gourdin** : gros bâton de courte taille.

– Seigneurs, par le Dieu qui me créa, vous guérir est une entreprise difficile ; je n'en pourrai venir à bout. Je vais donc choisir le plus malade d'entre vous, je vais le jeter au feu et l'y brûler. Tout le monde en tirera profit[1], car ceux qui mangeront ses cendres seront tout aussitôt guéris.

Ils se regardent les uns les autres. Mais il n'y a ni bossu ni obèse – même si on lui offrait la Normandie en royaume – qui admettrait être le plus malade.

Le vilain médecin dit à l'un d'eux :

– Tu me parais bien mal portant ; tu es de tous le plus faible.

– Faites excuse, sire, je vais très bien. Je ne me suis même jamais si bien porté ! Je suis débarrassé d'un haut mal[2] qui me tenait depuis longtemps. Croyez bien que je ne mens pas.

– Alors sors donc. Que viens-tu faire ici ?

Et l'autre prend la porte aussitôt. Le roi lui demande alors :

– Es-tu guéri ?

– Oui, Sire, merci à Dieu ! Me voilà plus sain qu'une pomme. Ce médecin est un homme compétent.

Que pourrais-je encore vous raconter ? Il n'y eut ni petit ni grand qui, pour tout l'or du monde, consentît à se faire jeter au feu. Tous se retirèrent un à un, faisant semblant d'être guéris. En les voyant, le roi tout étonné dit au vilain :

– Beau maître, quelle merveille ! Vous les avez si vite guéris.

– Sire, je les ai soumis à un charme[3]. J'en possède un qui vaut mieux que gingembre et citoual.

Le roi dit :

– Rentrez chez vous quand vous voudrez. Vous aurez de mes deniers, des palefrois et de bons destriers[4]. Et quand je vous

---

1. **En tirera profit** : en bénéficiera, y trouvera un intérêt.
2. **Un haut mal** : une maladie grave.
3. **Charme** : ici, remède magique réalisé à l'aide de plantes ayant des propriétés médicinales, comme le gingembre et le citoual.
4. **Destriers** : chevaux utilisés pour les combats guerriers.

rappellerai, vous m'obéirez. Vous serez mon ami très cher, et serez tenu très estimé de tous les gens du pays[1]. Mais ne faites plus le niais[2] : ne vous faites plus bousculer, c'est une honte d'être battu.

– Merci, Sire, dit le vilain. Je suis votre homme soir et matin, et tant que je vivrai. Je n'aurai pas à le regretter.

Il prend alors congé du roi et rentre gaiement chez lui. Jamais il n'y eut manant[3] plus riche. Il demeura chez lui, et n'alla plus à sa charrue. Et plus jamais il ne battit sa femme. Au contraire, il l'aima et la chérit.

C'est ainsi, je vous le dis, que les choses se passèrent. Grâce à sa femme et grâce à son astuce, il fut bon médecin sans avoir fait d'études !

---

1. **Serez tenu très estimé de tous les gens du pays** : tous les gens du pays auront une très bonne opinion de vous.
2. **Niais** : sot.
3. **Manant** : paysan.

Le larron[1] qui embrassa un rayon de lune

par Barbazan

J'ai entendu conter l'histoire d'un larron qui rôdait près de la maison d'un homme riche avec l'intention de le voler. Il grimpa vite sur le toit et, de son perchoir, écouta avec attention si quelqu'un bougeait dans la maison. Dans ce cas, il n'aurait pas insisté.

Mais le seigneur de la maison repéra le voleur et se promit de lui jouer un bon tour. Il parla doucement à sa femme :

– Demande-moi bien fort – cela m'est égal si quelqu'un t'entend – d'où me vient cette richesse qui me permet de mener grande vie.

La femme fit ce que lui demandait son mari. Elle demanda à voix haute :

– Sire, par Dieu, racontez-moi comment vous avez si habilement acquis votre fortune, car je n'ai jamais pu le savoir. Je n'ai jamais vu un marchand ni un banquier gagner autant. J'ignore où vous avez bien pu aller gagner tout cet argent.

Le mari répondit :

– Ne vous posez donc pas de questions. Ce que Dieu nous a prêté, utilisez-le, profitez-en.

Mais elle insista pour avoir une réponse. Il fit semblant de ne vouloir rien dire, puis de se faire prier pour accepter enfin de lui révéler comment il avait amassé sa fortune :

1. **Larron** : voleur.

– Autrefois, j'étais un voleur, c'est ainsi que j'ai gagné toutes ces richesses.

– Comment, s'écria-t-elle, vous avez été voleur et vous ne vous êtes jamais fait prendre ?

– Mon maître, répondit-il, m'avait enseigné un charme[1] auquel il tenait beaucoup. Quand je grimpais sur un toit, je répétais un mot magique sept fois, puis j'embrassais[2] un rayon de lune et je descendais par ce moyen à l'intérieur de la maison. Je volais tout ce que je voulais. Et pour repartir, je répétais sept fois le mot magique et j'embrassais le rayon de lune. C'était aussi pratique qu'une échelle.

La femme le supplia :

– Dites-moi le mot magique !

– C'était très facile pour moi. Je disais sept fois le mot Saul[3] et je pouvais, sur mon rayon de lune, entrer comme je voulais dans la maison sans éveiller les gens, grands ou petits.

– Par saint Maur, dit la femme, ce charme vaut de l'or ! Si j'ai dans la famille ou parmi mes amis quelqu'un qui ne peut s'enrichir autrement, je lui enseignerai ce charme, et le ferai riche propriétaire.

– Un peu de silence, maintenant, dit son mari. Il est temps d'aller au lit. J'ai veillé tard et j'ai grand besoin de dormir.

Elle le laissa donc se reposer et il commença à ronfler.

Le larron entendit et crut qu'il était endormi. Bien sûr, il n'avait pas oublié le charme et, par sept fois il répéta le mot magique. Puis il embrassa le rayon de la lune en y nouant ses bras et ses jambes pour se laisser descendre.

Le rayon le porta très mal ! Il chuta lourdement à terre et se cassa la cuisse droite et le bras.

---

1. **Charme** : enchantement.
2. **Embrassais** : entourais avec mes bras.
3. **Saul** ou Saül : dans la Bible, nom du premier roi d'Israël, le royaume du peuple hébreu.

Le riche homme fit semblant de se réveiller et de s'inquiéter à cause du bruit entendu. Il demanda à haute voix qui pouvait faire un tel vacarme.

– Je suis un voleur, répondit l'autre. Pour mon malheur, j'ai entendu ce que vous disiez à votre femme. Votre charme m'a si bien porté que me voilà tout cassé et tout démoli.

Sans plus attendre, on l'attrapa, on le livra à la justice pour être jugé et condamné.

La Farce du cuvier[1]

Farce nouvelle, très bonne et fort joyeuse du cuvier, à trois personnages que voici : Jacquinot, sa femme et la mère de sa femme.

Jacquinot *se plaint d'être harcelé par les deux femmes.* – Le grand diable m'a bien conseillé quand je me suis marié ! Ce n'est que tempête et orage. On n'a que souci et peine. Ma femme me harcèle sans cesse comme un jeune cerf, sans compter sa mère qui en rajoute… Jamais de repos, de tranquillité, de moments à moi. L'une crie, l'autre grommelle[2]. L'une maudit, l'autre tempête[3], le dimanche et tous les autres jours de la semaine. Mais par le sang que Dieu me donna, je serai maître dans ma maison…

La femme. – Par le diable ! Que de discussions ! Taisez-vous, Jacquinot, vous serez sage.

Jacquinot. – Qu'y a-t-il donc ?

La femme. – Quoi ? Est-ce que je sais ? Il y a toujours du travail à faire, et tu ne penses pas à ce qu'il faut pour la maison !

---

1. **Cuvier** : cuve dans laquelle on fait la lessive.
2. **Grommelle** : marmonne, se plaint en murmurant.
3. **Tempête** : manifeste sa colère, râle.

La mère. – Diable, c'est insensé ! Par Notre-Dame[1], il faut obéir à sa femme, comme le doit faire un bon mari. Elle vous corrigera[2] même quelquefois quand vous ferez une bêtise.

Jacquinot. – Honte à moi si j'acceptais de me faire battre !

La mère. – Non ? Et pourquoi ? Par sainte Marie, pensez-vous que si elle vous bat et corrige au bon moment, elle le fait par méchanceté ? Non, parbleu, c'est un petit geste d'amoureuse. Et voilà ce que nous allons faire. Pour mieux vous souvenir de tout, vous allez prendre un rollet[3] et vous écrirez dessus tout ce que votre femme vous ordonnera.

Jacquinot. – Cela ne servira à rien. Mais je vais commencer à écrire.

La femme. – Écrivez bien, pour qu'on puisse vous lire. Écrivez que vous m'obéirez et que jamais vous ne manquerez de faire tout ce que je veux.

Jacquinot. – Corps Dieu[4] ! je ne ferai rien que des choses raisonnables !

La femme. – Écrivez donc, et ne me fatiguez pas avec vos discours : vous serez toujours levé le premier pour faire le travail.

Jacquinot. – Par Notre-Dame de Boulogne, je m'y oppose. Me lever le premier ? Et pourquoi faire ?

La femme. – Pour réchauffer ma chemise devant le feu.

La mère. – Écrivez : si l'enfant se réveille la nuit, comme cela lui arrive, vous devrez vous lever pour le bercer, le promener, le porter, vous occuper de lui, marcher dans la chambre, même s'il est minuit.

1. **Notre-Dame** : dans la Bible, Vierge Marie, mère de Jésus-Christ.
2. **Corrigera** : donnera une correction, c'est-à-dire des coups.
3. **Rollet** : parchemin que l'on enroule.
4. **Corps Dieu** : juron.

JACQUINOT. – Avec tout ça, pas le temps pour moi de prendre du plaisir dans mon lit.

LA FEMME. – Écrivez !

JACQUINOT. – Mais il est plein à ras bord, ce rollet ! Que voulez-vous que j'écrive ?

LA FEMME. – Écrivez, ou vous serez frotté[1] !

JACQUINOT. – Alors j'écris sur l'autre côté.

LA MÈRE. – Après, Jacquinot, vous devrez pétrir, mettre le pain à cuire au four, faire la lessive…

LA FEMME. – Bluter[2], laver, préparer le linge sale avant la lessive…

LA MÈRE. – Aller, venir, courir, trotter, peiner comme Lucifer, le chef des Enfers…

LA FEMME. – Faire le pain, chauffer le four…

LA MÈRE. – Conduire la farine au moulin…

LA FEMME. – Faire le lit tôt le matin. Sinon vous serez battu.

LA MÈRE. – Et puis mettre le pot au feu et tenir la cuisine bien propre.

JACQUINOT. – S'il faut que j'écrive tout cela, attendez, dictez mot à mot.

LA MÈRE. – Écrivez donc Jacquinot : pétrir…

LA FEMME. – Mettre au four…

JACQUINOT. – Faire la lessive…

LA FEMME. – Bluter…

---

1. **Frotté** : battu.
2. **Bluter** : après que les grains de blé ont été moulus, séparer la farine de l'enveloppe des grains.

La mère. – Laver…

La femme. – Préparer le linge sale…

Jacquinot. – Et laver quoi ?

La mère. – Les pots, les plats…

La femme. – Et les écuelles[1]…

Jacquinot. – Bien. Laver les…

La femme. – Les couches souillées[2] du petit, dans la rivière.

Jacquinot. – Pas question ! Des couches souillées ! Je ne veux pas écrire.

La femme. – Écrivez, écrivez, sotte bête ! Avez-vous honte de cela ?

Jacquinot. – Non et non !

La femme. – Vous allez le regretter ! Je vais vous battre comme plâtre[3] !

Jacquinot. – Bon, bon, n'en parlons plus. J'écris.

La femme. – Il n'y a plus à écrire que le surplus[4] : faire le ménage bien comme il faut et, bien sûr, vous m'aiderez à tordre la lessive auprès du cuvier. Écrivez !

Jacquinot. – Corbleu[5], je suis un vrai sot d'être traité aussi durement. Il n'est pas né l'homme qui pourrait passer du bon temps dans cette maison. Jour et nuit, je vais devoir apprendre cette maudite liste.

La mère. – Exactement, puisque je le veux. Dépêchez-vous et signez ce rollet.

---

1. **Écuelles** : assiettes creuses.
2. **Souillées** : sales.
3. **Vous battre comme plâtre** : vous frapper avec violence.
4. **Surplus** : reste.
5. **Corbleu** : juron.

Jacquinot. – Le voilà signé, prenez-le et faites attention à ne pas le perdre. Je jure qu'à partir de maintenant je ne ferai rien d'autre que ce qui est écrit dans ce rollet. Je préférerais être pendu !

Jacquinot est avec sa femme auprès du cuvier, c'est-à-dire le grand baquet[1] à lessive.

La femme. – Allez, Jacquinot. Par Dieu, remuez-vous un peu, attrapez la suée[2] pour étendre notre lessive. C'est un des points écrits sur le rollet. Prenez ce bout et tirez fort.

Jacquinot. – Oh, que ce linge est sale, il sent la couche souillée à plein nez !

Par inattention, la femme tombe dans le grand baquet à lessive.

La femme. – Mon Dieu ! Pitié pour ma pauvre âme ! Aidez-moi à sortir du baquet ou je vais mourir affreusement. Jacquinot, sauvez votre femme ; tirez-la hors de ce baquet.

Jacquinot. – Ce n'est pas écrit sur mon rollet.

La femme. – J'étouffe dans ce baquet, je suis en danger ! J'ai le cœur qui se serre. Vite, qu'on me sorte de là ! Mon bon mari, sauvez ma vie. Je m'évanouis, tendez la main un petit peu.

Jacquinot. – Ce n'est pas sur mon rollet. (*Il lit :*) Pétrir, mettre au four, faire la lessive, bluter, laver, préparer le linge…

La femme. – Mon sang se fige ; je vais mourir.

Jacquinot. – Aller, venir, trotter, courir, faire le pain, chauffer le four…

La femme. – Vous êtes plus méchant qu'un chien de garde ! Où est ma mère Jacquette ?

---

1. Baquet : cuve.
2. Attrapez la suée : transpirez.

JACQUINOT, *qui continue à lire.* – Conduire la farine au moulin, nettoyer la cuisine.

LA FEMME. – Vite, courez chercher le curé !

JACQUINOT. – Je viens de relire tout mon rollet, et je vous jure que je n'ai rien trouvé. Tirez-vous de là comme vous voulez, car moi je vous y laisse.

Arrive la mère :

LA MÈRE. – Je viens voir si tout va bien.

JACQUINOT. – Tout va très bien puisque ma femme est morte. Mon souhait s'est réalisé. J'en suis plus riche maintenant.

LA MÈRE. – Ma fille est tuée ?

JACQUINOT. – Elle s'est noyée dans la lessive. Et je prie Dieu au paradis, et saint Denys de France, qu'un diable lui éclate la panse[1] avant de faire s'envoler son âme.

LA MÈRE. – Hélas, ma fille a trépassé[2] !

JACQUINOT. – En tordant le linge, elle s'est baissée, elle a chuté dans le baquet.

LA FEMME. – Mère, je suis morte si vous ne venez pas secourir votre fille !

LA MÈRE. – Méchant homme ! La laisserez-vous mourir là ?

JACQUINOT. – Elle restera dans son baquet. Je ne veux plus être son domestique !

LA FEMME. – À l'aide !

JACQUINOT. – J'ai beau chercher, ce n'est pas écrit sur mon rollet.

LA MÈRE. – Par le diable, Jacquinot, aide-moi à tirer ta femme d'ici !

---

1. **La panse** : le ventre.
2. **A trépassé** : est morte.

Jacquinot. – Je vais le faire, mais à une condition : *qu'on me laisse désormais être le maître dans cette maison.*

La femme. – Promis, si vous me sortez d'ici.

Jacquinot. – Et vous tiendrez parole ?

La femme. – Mon ami, je vous le promets.

Jacquinot. – Sûr ?

La femme. – Sûr et certain. Je ne vous donnerai plus d'ordres, sauf en cas d'extrême besoin.

Jacquinot. – Je serai donc enfin maître chez moi, puisque ma femme le promet.

La mère. – Quand il y a discorde en ménage[1], il est bien difficile de s'épanouir !

Jacquinot. – Alors, si vous tenez votre promesse, je pourrai enfin vivre heureux.

1. **Discorde en ménage** : désaccord, dispute dans un couple.

Arrêt sur lecture 1

Un quiz pour commencer

Cochez les bonnes réponses.

❶ *Dans* Les Perdrix, *pourquoi le vilain s'absente-t-il ?*

- ❒ Il est parti cueillir des herbes pour cuisiner les perdrix.
- ❒ Il est parti faire une sieste car la chasse l'a fatigué.
- ❒ Il est parti inviter le prêtre à partager le repas.

❷ *Quelle est la conséquence de son absence prolongée ?*

- ❒ Les perdrix sont trop cuites.
- ❒ Son épouse mange les perdrix.
- ❒ Deux chats emportent les perdrix.

❸ *Dans* Le Vilain devenu médecin, *comment le vilain évite-t-il que son épouse soit courtisée par d'autres hommes ?*

- ❒ Il l'enferme dans la maison.
- ❒ Il l'emmène aux champs avec lui.
- ❒ Il la bat avant de partir pour qu'elle passe la journée à pleurer.

❹ ***D'après l'épouse du vilain, à quelle condition ce dernier accepte-t-il d'exercer la médecine ?***

- ❒ Il faut lui donner beaucoup d'or.
- ❒ Il faut le battre.
- ❒ Il faut le supplier longuement.

❺ ***Dans* Le larron qui embrassa un rayon de lune, *comment l'homme riche prétend-il avoir acquis ses biens ?***

- ❒ En travaillant dur.
- ❒ En recevant un héritage.
- ❒ En volant.

❻ ***Comment le larron essaie-t-il d'entrer chez l'homme riche ?***

- ❒ Il passe par la cheminée.
- ❒ Il se déguise en marchand.
- ❒ Il prononce une formule magique.

❼ ***Dans* La Farce du cuvier, *de quoi Jacquinot se plaint-il ?***

- ❒ Son épouse ne fait pas assez à manger.
- ❒ Son épouse et sa belle-mère sont très exigeantes envers lui.
- ❒ Sa belle-mère est trop souvent chez eux.

❽ ***Pourquoi Jacquinot refuse-t-il d'aider son épouse tombée dans le cuvier ?***

- ❒ Parce qu'il ne sait pas nager et craint de se noyer.
- ❒ Parce que cette action n'est pas inscrite dans sa liste de tâches.
- ❒ Parce qu'il préfère que sa belle-mère se charge de la secourir.

Des questions pour aller plus loin

Découvrir l'univers des fabliaux

Des personnages ordinaires

❶ À quelle catégorie sociale les principaux personnages des fabliaux *Les Perdrix, Le Vilain devenu médecin* et *La Farce du cuvier* appartiennent-ils ?

❷ Comment le roi (dans *Le Vilain devenu médecin*) et l'homme riche (dans *Le larron qui embrassa un rayon de lune*) se comportent-ils envers les personnes plus pauvres ? Que peut-on en déduire sur l'organisation de la société au Moyen Âge ?

❸ Quels défauts les personnages féminins ont-ils dans *Les Perdrix* et *La Farce du cuvier* ? Que pouvez-vous en déduire sur l'opinion que l'on avait des femmes au Moyen Âge ?

L'art du conteur

❹ Recopiez le tableau suivant et complétez-le.

Titre du fabliau / Schéma narratif	*Les Perdrix*	*Le Vilain devenu médecin*	*Le larron qui embrassa un rayon de lune*	*La Farce du cuvier*
Situation initiale				
Élément perturbateur				
Péripéties				
Élément de résolution				
Situation finale				

❺ Dans les trois premiers fabliaux, à quelle personne les récits sont-ils racontés ? Relevez les expressions qui donnent un aspect véridique à ces récits.
❻ Dans les lignes 12 à 16 et 22 à 27 des *Perdrix*, en quoi le temps verbal employé est-il surprenant par rapport au reste du récit ? Précisez sa valeur. Quel est l'effet produit ?
❼ À quel genre *La Farce du cuvier* appartient-elle ? Justifiez votre réponse à l'aide d'indices précis et expliquez en quoi cette forme contribue à rendre l'action réaliste et dynamique.

Mensonges, ruses et vengeances

❽ Dans *Les Perdrix*, quels mensonges successifs l'épouse invente-t-elle ? Sont-ils découverts ?
❾ Dans *Le Vilain devenu médecin*, quel mensonge l'épouse du vilain raconte-t-elle aux messagers du roi et dans quel but ? Parvient-elle finalement à ses fins ?
❿ Comment Jacquinot se venge-t-il de son épouse dans *La Farce du cuvier* ?
⓫ Dans *Le larron qui embrassa un rayon de lune*, pourquoi l'homme riche raconte-t-il l'histoire du charme ? Obtient-il satisfaction ?

Zoom sur *La Farce du cuvier* (p. 27-33)

⓬ De quoi Jacquinot se plaint-il au début du récit ? Que se promet-il de devenir dans sa maison ?
⓭ Au début du texte, laquelle des deux femmes parle le plus ? Que pouvez-vous en déduire sur sa place dans la famille ?
⓮ En vous appuyant sur la ponctuation et les types de phrases, montrez que la femme interrompt sans cesse Jacquinot au début du fabliau (l. 4-49).
⓯ En quoi la relation du couple au début de la farce pouvait-elle étonner le public du Moyen Âge ? En comparant les répliques de Jacquinot et de son épouse à la fin du texte, montrez que le rapport de force s'inverse alors.

Rappelez-vous !
Les fabliaux sont des **histoires courtes**, racontées par un narrateur qui se présente comme un témoin des faits ; dans la farce, genre voisin, ceux-ci sont rapportés sous forme de dialogue de théâtre pour rendre les échanges vivants. Les personnages, peu nombreux, incarnent des **types** (catégorie sociale, profession, sexe). L'intrigue, simple, repose généralement sur un conflit. Les personnages utilisent la ruse ou le mensonge dans des péripéties comiques qui mènent souvent à un **renversement de situation**.

De la lecture à l'écriture

Des mots pour mieux écrire

❶ a. ***Qu'est-ce qu'un «*** vilain ***» au Moyen Âge ? Quel est le sens de ce mot aujourd'hui ?***
b. ***Rédigez deux phrases qui contiendront le mot «*** vilain ***» : l'une éclairera le sens médiéval du mot, l'autre son sens moderne.***

❷ a. ***Recopiez le tableau suivant et complétez-le en classant ces mots selon qu'ils désignent un défaut ou une qualité :*** gourmandise, avarice, courage, patience, violence, modestie, jalousie, fidélité.

Défauts	Qualités

b. ***Donnez l'adjectif correspondant à chacun de ces termes.***

À vous d'écrire

❶ En vous inspirant des fabliaux *Le Vilain devenu médecin* et *Le larron qui embrassa un rayon de lune*, imaginez un court récit : alors que vous vouliez jouer un mauvais tour à l'un(e) de vos camarades, la situation s'est retournée contre vous.
Consigne. Votre récit, d'une vingtaine de lignes, sera écrit à la première personne et aux temps du passé. Il suivra les étapes du schéma narratif.

❷ Imaginez un personnage qui aurait l'un(e) des qualités ou des défauts cités dans l'exercice 2 et rédigez son portrait.
Consigne. Votre texte, d'une quinzaine de lignes, sera écrit à la troisième personne. Il présentera le portrait moral de ce personnage en précisant ses traits de caractère, ses habitudes et sa façon d'agir en lien avec la qualité ou le défaut choisi.

Du texte à l'image Histoire des arts

Pieter Brueghel le Jeune, *Un proverbe flamand*, huile sur bois, XVIe siècle.
***Scène agricole*, miniature, début du XVe siècle.**
➡ Images reproduites en début d'ouvrage, au verso de la couverture.

Lire l'image

❶ Donnez la nature de ces deux images et décrivez chacune d'elle précisément (composition, attitude et vêtement des personnages, décor).
❷ À quelle catégorie sociale appartient chacun des personnages représentés ? Justifiez votre réponse en précisant les indices qui vous ont permis de les identifier.

Comparer le texte et l'image

❸ À quels personnages des fabliaux de cet Arrêt pouvez-vous rattacher le couple présenté dans l'illustration du haut ? Justifiez votre réponse en précisant les éléments du ou des fabliau(x) cité(s) que vous retrouvez dans l'illustration.
❹ Dans quels fabliaux de cet Arrêt y a-t-il un personnage qui ressemble au paysan situé au premier plan de l'illustration du bas ? Justifiez votre réponse.

À vous de créer

❺ Imaginez la conversation du couple de l'illustration du haut. Votre texte, d'une quinzaine de lignes, respectera la présentation propre au dialogue et présentera une dispute entre les deux personnages à propos de considérations domestiques (préparation du repas, partage des tâches, etc.)

❻ B2i Rendez-vous sur le site suivant : **http://classes.bnf.fr/ema/campagne/paysan/index.htm**. Cliquez sur l'onglet « Le paysan », puis sur les onglets « Iconographie » et « Travaux des champs ». Cherchez d'autres illustrations du travail des paysans au Moyen Âge. Présentez-les à vos camarades en décrivant précisément les différentes activités représentées.

Estula

Il était une fois deux frères, n'ayant plus ni père ni mère ni personne pour les conseiller. Pauvreté fut bientôt leur amie, car elle avait été souvent leur compagne ; rien n'est plus difficile à supporter pour celui dont elle s'approche : il n'existe pas plus grande maladie.

Les deux frères dont il est question habitaient ensemble. Une nuit, tenaillés par la soif, la faim[1] et mourant de froid – tous ces maux[2] tombent souvent sur ceux que Pauvreté visite – ils se mirent à réfléchir à la façon dont ils pourraient résister à Pauvreté qui les presse et leur fait subir tant de misères.

Un homme bien installé dans la vie et réputé très riche habitait près de leur maison. Ils sont pauvres, le riche est sot, il a des choux dans son jardin et des brebis dans sa bergerie. C'est décidé, les deux frères iront chez lui ; Pauvreté fait faire à beaucoup des sottises.

L'un passe un sac à son cou, l'autre prend un couteau en main, et les deux se mettent en route. Le premier entre dans le jardin et, sans plus attendre, coupe les choux. Le second se dirige vers le bercail[3], ouvre la porte – jusqu'ici tout est pour le mieux – et tâte le plus gras mouton, histoire de voir un peu. Mais, dans la

1. **Tenaillés par la soif, la faim** : souffrant de la soif et de la faim.
2. **Maux** : pluriel de « mal ».
3. **Bercail** : bergerie.

maison, on n'est pas encore couché, si bien qu'on entend distinctement ouvrir la porte de la bergerie.

Le riche appela son fils :

– Va voir, dit-il, dans le jardin si tout va bien. Appelle le chien de la maison.

Le nom du chien était Estula. Heureusement pour les deux frères, il n'était pas cette nuit-là dans la cour. Le fils concentra son attention, ouvrit la porte et cria :

– Estula, Estula ! Et le frère qui était dans la bergerie répondit :

– Bien sûr, je suis ici[1].

Il faisait nuit noire, et donc le fils ne pouvait pas distinguer celui qui avait répondu. Il crut vraiment que c'était le chien qui parlait. Alors il n'attendit guère pour rentrer droit à la maison.

– Qu'as-tu, mon fils ? demande le père en le voyant tout épouvanté.

– Sire, je le jure sur ma mère, Estula vient de me parler !

– Qui ? Notre chien ?

– Vrai, je le jure ! Si vous ne voulez pas me croire, appelez-le là maintenant : vous allez l'entendre parler !

Vite, l'homme veut vérifier cette chose étonnante ; il sort dans la cour et appelle son chien :

– Estula !

Et l'autre, qui ne se doute toujours de rien, répond :

– Évidemment que je suis là !

L'homme en est assommé de stupeur :

– Par tous les saints et toutes les saintes, mon fils, j'ai entendu bien des choses surprenantes, mais encore jamais une chose pareille ! Cours vite chez le prêtre et raconte-lui cette histoire incroyable ! Ramène-le avec toi, et dis-lui bien d'apporter son

1. Au Moyen Âge, on prononçait toutes les consonnes des mots, aussi la prononciation de « es-tu là ? » était-elle identique à celle de « Estula ».

étole et de l'eau bénite[1]. Le fils court le plus vite qu'il peut chez le prêtre, et il y reste juste le temps pour dire :

– Sire, venez à la maison ; vous y pourrez ouïr[2] des choses fort surprenantes ! Vous n'en avez encore jamais ouï de pareilles ! Passez l'étole à votre cou !

– Hé, dit le prêtre, tu es fou de vouloir me faire sortir de chez moi. Je suis pieds nus, je ne peux pas.

– Mais si, vous allez venir, rétorque le fils. Je vais vous porter !

Le prêtre prit son étole, et sans ajouter mot, monta sur le dos du garçon qui se mit en route. Et pour aller plus vite, il descendit tout droit par le chemin qu'avaient emprunté les deux voleurs. Celui qui était en train de voler les choux aperçut dans la nuit la forme blanche du prêtre et crut que c'était son frère qui revenait avec le mouton qu'il avait volé. Il lui demanda gaiement :

– Apportes-tu quelque chose ?

– Oui, sûrement, répondit le fils qui portait le prêtre sur son dos, car il croyait que c'était son père qui l'appelait.

– Mets-le par terre, dit le frère coupeur de choux. Mon couteau est bien effilé ; hier, je l'ai aiguisé à la forge et je vais lui couper la gorge.

À ces mots, le prêtre se crut trahi. Il sauta vite par terre et s'enfuit tout affolé. Son surplis[3] s'accrocha à un poteau. Il l'y laissa. Pas question de perdre du temps pour le décrocher !

Tout aussi étonné que celui qu'il avait fait s'enfuir, le coupeur de choux n'y comprenait goutte[4]. Il aperçut cette forme blanche, alla la décrocher du poteau et vit que c'était un surplis. À ce moment, celui qui était dans la bergerie en sortit avec un mouton

---

1. **Étole** : écharpe portée par les prêtres pour les cérémonies religieuses ; **eau bénite** : eau qui a reçu la bénédiction du prêtre, en vue d'être utilisée lors d'un rituel religieux. L'homme soupçonne un envoûtement diabolique et veut faire pratiquer un exorcisme, un rituel religieux destiné à expulser un esprit maléfique d'un être animé.
2. **Ouïr** : entendre.
3. **Surplis** : vêtement blanc porté par les prêtres.
4. **N'y comprenait goutte** : n'y comprenait rien.

et appela son frère qui venait de remplir son sac de choux. Les épaules bien chargées, et sans plus s'attarder, ils regagnèrent leur maison, qui était tout près.

Le voleur de surplis montre son butin à son frère. Ils ont bien plaisanté et bien rigolé. Le rire leur fut rendu, ce rire qui jusqu'ici leur avait été défendu.

En un rien de temps, Dieu fait son œuvre. Tel qui rit le matin, le soir pleure. Tel qui le soir est tracassé[1] se retrouve au matin tout en joie.

1. **Tracassé** : qui a des soucis, tourmenté.

La vieille qui graissa la patte au chevalier

D'une vieille femme je veux vous raconter l'histoire amusante que voici.

Elle avait deux vaches, d'après ce que j'ai lu, dont elle tirait petitement[1] de quoi vivre. Un jour, hélas, elles s'enfuirent toutes les deux. Le prévôt[2] les trouva et les fit mettre chez lui.

Quand la femme apprit la chose, elle alla chez le prévôt sans plus attendre pour le prier de les lui rendre. Elle le supplie, mais le prévôt, un félon[3], se moque bien de ce qu'elle peut raconter. Il dit :

– Par ma foi, belle vieille, il faudra d'abord payer l'écot[4] sur vos beaux deniers qui moisissent, bien à l'abri dans un pot.

La bonne femme rentre chez elle, triste, affligée, l'air sombre. Elle rencontre Ersant, sa voisine, et lui conte ses ennuis. Ersant lui nomme un chevalier ; il faut qu'elle aille lui parler calmement, poliment et, si elle lui graisse la patte[5], il lui fera récupérer ses vaches sans rien avoir à débourser.

---

1. **Petitement** : à peine.
2. **Prévôt** : agent d'un seigneur, chargé de récolter les impôts et de rendre la justice en son nom.
3. **Félon** : personne déloyale, dépourvue de morale.
4. **Payer l'écot** : payer les frais de procédure liés à la confiscation des vaches par le prévôt.
5. Au sens figuré, l'expression « graisser la patte » signifie donner discrètement de l'argent pour obtenir une faveur.

La bonne femme, qui n'a l'esprit ni à la ruse ni à la malice, prend un bout de lard et va directement trouver le chevalier.

Justement, il se tenait devant chez lui, les mains posées sur les reins[1]. La femme arrive par-derrière et lui frotte la paume de la main avec le lard. Sentant qu'on lui a touché la main, il regarde la vieille :

– Bonne femme, qu'est-ce que tu fais ?

– Sire, pour l'amour de Dieu, faites excuse. On m'a dit de venir vous trouver et de vous graisser la patte. Et si j'y arrive, je récupérerai mes vaches sans avoir rien à débourser.

– Celle qui t'a dit de faire cela entendait l'affaire[2] autrement ! Mais tu n'y perdras rien. Je te ferai récupérer tes vaches gratuitement et tu auras en plus l'herbe du pré.

La morale de cette histoire vise les hommes riches et haut placés qui sont déloyaux et menteurs. Ils vendent leur science et leur parole, ils ne savent pas ce qu'est la justice et n'ont qu'un seul souci : prendre.

Le pauvre ne voit son droit reconnu que s'il donne.

1. **Les reins** : le bas du dos.
2. **Entendait l'affaire** : comprenait l'expression.

Le Vilain de Farbu[1]

par Jean de Boves

Seigneurs, un beau jour d'autrefois, il advint qu'un vilain de Farbu devait aller au marché.

Sa femme lui avait confié cinq deniers et quelques mailles[2] à dépenser ainsi que je vais vous le conter : trois mailles pour un râteau, deux deniers pour un gâteau qu'elle voulait très moelleux et trois deniers pour ses dépenses.

Elle les glissa dans sa bourse et fit le décompte avant de le laisser aller : trois poissons et une cervoise[3] coûteront un plein denier. Et deux deniers de pain, ce sera assez pour lui et son fils.

L'homme sort par la porte du jardin et se met en chemin. Il emmène son fils Robin avec lui, pour qu'il lui vienne le goût d'apprendre et qu'il acquière de l'expérience.

Au marché, devant sa forge, un forgeron[4] avait laissé traîner un fer chaud[5] pour les peu scrupuleux et les niais qui souvent se laissaient prendre à la ruse. Le vilain l'aperçoit et dit aussitôt à son fils qu'un fer est une bonne découverte. Robin s'agenouille près du fer et crache dessus pour le mouiller. Le fer chaud se met à bouillonner avec force.

---

1. **Farbu** : aujourd'hui Farbus, village situé dans le Pas-de-Calais.
2. **Mailles** : petites pièces de monnaie de peu de valeur.
3. **Cervoise** : sorte de bière.
4. **Forgeron** : artisan qui travaille le métal.
5. Il s'agit d'un fer à cheval, supposé porter bonheur.

Voyant que le fer est vraiment très chaud, Robin n'a aucune envie de le prendre ; il le laisse sur place et s'en va.

Le vilain, qui avait beaucoup à apprendre, lui demanda pourquoi il ne l'avait pas pris.

– Parce qu'il était tout brûlant, le fer que vous aviez trouvé.

– Comment t'en es-tu aperçu ?

– J'ai craché dessus et il s'est mis aussitôt à grésiller et à bouillir. C'est ainsi qu'on peut le savoir.

– Là, tu m'as appris quelque chose, dit le vilain, et j'apprécie beaucoup. Combien de fois je me suis brûlé la langue et les doigts en prenant quelque chose ! Mais maintenant, quand l'occasion se présentera, j'utiliserai ta méthode.

Ils arrivèrent à un étalage où l'on vendait du pain et d'autres choses : vin, cervoise et poissons. Robin, qui était très gourmand, en réclama aussitôt. Ils font le compte de leur argent : cinq deniers et quelques mailles. Sans problème et sans plus de manières, ils dépensent trois deniers pour dîner, puis ils achètent un râteau pour trois mailles et, pour deux deniers, un mauvais gâteau, plein de pâte mal cuite. Robin le met dans son vêtement et le vilain se charge du râteau. Ils sortent de la ville et prennent le chemin de la maison.

La femme leur ouvre la porte du jardin et, d'un air pincé, demande des comptes :

– Où est mon gâteau, espèce de mannequin à barbe[1] ?

– Le voici, répond le vilain. Mais si vous voulez mon avis, vous devriez en faire un bon pain trempé dans le lait dès maintenant, car je meurs de faim.

La femme allume un feu de grosse paille et a soin de se hâter[2] pendant que Robin nettoie la poêle. Ils s'activent pour tout préparer. Quand la poêle se met à bouillir, le vilain s'en réjouit. Il demande qu'on lui mette son écuelle, la profonde, celle qu'il

1. **Espèce de mannequin à barbe** : injure.
2. **Se hâter** : se dépêcher.

utilise d'habitude: «Je ne veux pas en changer, car elle me convient bien.»

La femme l'emplit si bellement qu'elle est pleine à ras bord. Le vilain ne prend pas une simple cuillère, non, mais une de celles qu'on met dans les pots pour remuer; et il ajoute dans l'écuelle autant qu'il peut de pain trempé bouillant, crache dessus afin de ne pas se brûler, comme il vit Robin le faire avec le métal brûlant. Mais la bouillie portée à ébullition sur le feu de paille ne grésille pas comme le ferait le fer, et le vilain, ouvrant tout grand la bouche, introduit d'un seul coup la plus douloureuse goulée[1] de sa vie.

Avant qu'il ait pu l'avaler et la digérer, il eut la langue si mal en point, la gorge si échaudée[2] et l'œsophage si ravagé qu'il ne put ni cracher ni avaler et qu'il pensa vraiment mourir. Il en devint rouge comme une écrevisse[3].

– C'est étrange, dit Robin, de voir qu'à votre âge vous ne savez pas encore manger!

– Ha, Robin, sale marmiton[4]! dit le vilain. Par ta faute, je suis dans un tel état! Je te souhaite de bien méchantes heures! Pour mon malheur, je t'ai cru et j'en ai la langue au-dedans toute brûlée et la bouche complètement pelée!

– Vous n'avez donc pas soufflé assez avant de manger?

– Mais je ne t'ai pas vu souffler au marché sur le fer brûlant que j'avais trouvé!

– C'est vrai, car j'ai utilisé une méthode plus habile: j'ai craché dessus pour le mouiller.

– Moi aussi, j'ai craché sur ma cuillère, et je me suis brûlé! fait le père.

– Sire, dit Robin, par le saint Père, vous aurez au moins appris qu'un fer brûlant n'est pas du pain trempé!

---

1. **Goulée**: bouchée (familier).
2. **Échaudée**: brûlée.
3. **Écrevisse**: crustacé de couleur rouge.
4. **Marmiton**: personne chargée des plus basses tâches en cuisine.

Seigneurs, retenez bien ceci : notre époque est devenue telle que le fils fait la leçon à son père ; cela arrive tous les jours, je crois bien. Car les enfants ont plus de finesse que les anciens. Le vilain de Farbu l'apprit à ses dépens[1].

1. **À ses dépens** : par une expérience malheureuse.

Le Vilain et la Tarte (Le Vilain au buffet)

Je vais vous raconter un fabliau que j'ai entendu un jour chez un comte.

Ce seigneur avait un sénéchal perfide[1], avare et rusé; bref, il avait tous les vices[2] de la terre. Et aucun visiteur ne le plaignait s'il lui arrivait des ennuis; il était en effet bien trop méchant. Quand il voyait son seigneur faire du bien à quelqu'un, il en devenait fou. Il en crevait de mépris, de dépit[3] et d'envie.

Le comte menait bonne vie, il avait grande réputation et il riait de la méchanceté de son sénéchal qui n'aimait guère voir des invités dans la maison de son maître. Et le sénéchal, tel un pourceau, bâfrait[4] pour se remplir la panse. Il buvait du vin en cachette, mangeait tout seul, sans le moindre souci, des coqs bien gras et grande quantité de poulets. Rien d'autre ne l'intéressait.

Le comte, un homme de bien[5] comme je l'ai dit, envoya un jour des messagers pour annoncer qu'il allait donner une réception. La nouvelle s'en répandit très vite dans tout le pays. À la cour du

1. **Sénéchal**: officier chargé de l'organisation de la maison seigneuriale; **perfide**: sournois, trompeur.
2. **Vices**: défauts.
3. **Dépit**: sentiment d'irritation causé par la déception ou par la rancœur.
4. **Pourceau**: porc; **bâfrait**: s'empiffrait (familier).
5. **Homme de bien**: homme bon, ayant des valeurs morales.

comte arrivèrent sans attendre des écuyers, des chevaliers et des dames, tous plus soucieux de nourrir leur corps que de s'occuper du salut de leur âme[1]. Tout était prêt à la cour ; y entrait qui voulait. Parmi tous ces convives, il y avait aussi, à mon avis, des gens qui ne mangeaient pas à leur faim ni l'hiver ni l'été ; alors ils profitaient de la générosité du comte pour boire bon vin et manger bonne viande. Tel était le désir du comte.

Cela ne plaisait pas au sénéchal :

– Quel malheur ! disait-il. Je vois ici des gens qui en profitent bien : ils mangent à leur aise[2], comme si tout ce qu'ils avalent ne coûtait pas plus qu'un œuf ! Parmi ces gens, il y en a bien trente-neuf qui n'ont pas fait un vrai repas depuis un bout de temps.

C'est alors que se présenta un bouvier[3] nommé Raoul, qui venait de quitter son attelage[4]. Le sénéchal tourna les yeux vers cet individu crasseux, à la tignasse[5] ébouriffée. Il y avait bien cinquante ans qu'il n'avait pas porté coiffe ou bonnet sur la tête.

Repris par sa méchanceté et sa cruauté habituelles, le sénéchal vient à la rencontre du vilain. Rempli de colère, il s'écrie :

– Regardez-moi cet avaleur de pois ! Voyez son air réjoui ! Il lui en faut des platées de légumes pour se farcir le ventre ! Que le haut mal rentre en lui et qu'il crève !

Ainsi le fourbe sénéchal se répand en insultes :

– Qu'il soit noyé dans les latrines[6] celui qui t'a montré le chemin jusqu'ici ! Entendant ces paroles, le vilain, de sa main droite, fit le signe de croix et dit :

– Sire, par saint Germain, je viens manger, car j'ai entendu dire qu'on peut ici manger autant qu'on veut.

---

1. **Du salut de leur âme** : de sauver leur âme, c'est-à-dire d'accomplir de bonnes actions afin d'éviter que leur âme ne soit condamnée à errer en enfer.
2. **À leur aise** : autant qu'ils le souhaitent.
3. **Bouvier** : paysan chargé de s'occuper des bœufs.
4. **Attelage** : ensemble constitué par la charrue et les animaux qui la tirent (ici les bœufs).
5. **Tignasse** : chevelure touffue.
6. **Latrines** : toilettes.

– Attends, je vais te servir quelque chose, dit le sénéchal pour se moquer. Il lève la main et assène une grande tarte[1] au pauvre Raoul :

– Voilà la tarte que je te prête, siffle-t-il méchamment. Savoure-la bien.

Puis il fait apporter une nappe, et commande nourriture et vin en grande quantité, pensant ainsi, dès que le vilain sera ivre, avoir l'occasion de le rosser[2] et lui faire passer l'envie de revenir chez le comte.

Que dire de plus dans cette histoire ? Le comte appelle les ménestrels[3] et fait savoir que celui qui racontera la meilleure histoire drôle ou fera le meilleur tour obtiendra pour récompense sa robe neuve écarlate[4].

Les ménestrels tiennent le pari et s'encouragent. L'un fait l'homme ivre, l'autre le sot ; l'un chante, l'autre joue de la musique, un autre mime une dispute, et un autre se met à jongler. Des baladins[5] jouent de la vielle[6] devant le comte, d'autres récitent des fabliaux remplis de moqueries ; l'un d'eux récite l'histoire comique d'un charlatan vantant[7] les mérites d'une herbe qui guérit tout. On rit beaucoup.

Le vilain, de son côté, attend son heure pour se venger du sénéchal. Celui-ci parle avec le comte, sans se méfier ; il ne voit pas le vilain qui s'approche tranquillement avec sa nappe.

---

1. **Assène une grande tarte** : donne une violente gifle (« tarte » signifie « gifle » dans un langage familier).
2. **Rosser** : battre violemment, rouer de coups.
3. **Ménestrels** : poètes musiciens.
4. **Écarlate** : de couleur rouge vif.
5. **Baladins** : saltimbanques, musiciens et comédiens chargés de divertir le seigneur et sa cour.
6. **Vielle** : instrument à cordes très utilisé au Moyen Âge, et dont on joue en tournant une manivelle.
7. **Charlatan** : imposteur qui prétend pouvoir guérir des maladies ; **vantant** : faisant l'éloge de.

La main du vilain est épaisse et calleuse[1]; je crois bien qu'il aurait fallu aller au moins jusqu'au pays de Galles[2] pour trouver un homme aussi costaud. Il assène une grande tarte sur la joue du sénéchal:

– Je vous rends, dit-il, la nappe et la tarte que vous m'avez prêtées; je ne veux pas les emporter. Il n'est pas bon de prêter à un homme qui ne rend pas ce qu'on lui prête.

Aussitôt, l'entourage du comte veut corriger le vilain. Mais le comte déclare qu'il veut savoir la raison de cette tarte. Tout le monde se tait puisque le maître l'ordonne.

– Pourquoi as-tu maltraité mon sénéchal? demande le comte. Tu as été fou de le frapper devant moi. Tu t'es fourré dans de bien mauvais draps[3]! C'est là une grave erreur et je vais te jeter en prison.

– Sire, répond le vilain, écoutez-moi, juste une petite minute. Quand je suis entré chez vous, j'ai rencontré votre sénéchal, un perfide et triste personnage, qui s'est moqué de moi, m'a raillé[4] et couvert de reproches. Il m'a donné une grande tarte et m'a dit, en jouant sur les mots, de bien la savourer. Il m'a dit qu'il me la prêtait et qu'il m'apporterait ensuite autre chose à manger. Et quand j'ai eu bien bu et bien mangé, sire comte, que faire d'autre sinon lui rendre sa tarte? Je n'ai pas voulu qu'on m'accuse, je lui ai donc rendu devant témoins et sous vos propres yeux. À vous de juger, sire, avant de vous aller laver les mains[5], si j'ai fait quelque chose de mal qui mérite que vous m'arrêtiez. Car je lui ai rendu ce qui lui appartient, je pense. Je ne lui dois plus rien, nous sommes quittes. Je suis même prêt à

1. **Calleuse**: rugueuse.
2. **Pays de Galles**: pays situé à l'ouest de l'Angleterre.
3. **Fourré dans de bien mauvais draps**: mis dans une situation problématique (figuré).
4. **M'a raillé**: m'a tourné en ridicule.
5. Expression à double sens ici. Au sens propre, le seigneur, qui vient de dîner, va se laver les mains. Mais il y a aussi une allusion à l'expression figurée «s'en laver les mains», héritée d'un épisode de la Bible, qui signifie «décliner toute responsabilité».

lui donner encore une tarte si celle que je viens de lui rendre ne le satisfait pas.

Messire Henri, le comte, se mit à rire et tout le monde en chœur avec lui, cela n'en finissait pas.

Le sénéchal passait sa main sur sa joue douloureuse et brûlante. Il ne savait que faire, vexé de voir qu'on se moquait de lui. Il s'en serait bien pris au vilain, mais il n'osa pas braver[1] le comte.

– Il t'a rendu ta tarte, dit durement sire Henri, et tout ce qui t'appartient. Puis le comte se tourna vers le vilain:

– Je te donne ma robe neuve écarlate, car tu m'as fait plus rire que tous les autres ménestrels. Et ceux-ci déclarèrent:

– Sire, vous dites vrai, il mérite amplement votre robe. Jamais on n'a vu un aussi bon vilain. Il s'est bien occupé de votre sénéchal et lui a retourné sa méchanceté.

La leçon de ce fabliau est qu'il est fou celui qui passe son temps à faire le mal. Fous également ceux qui gardent leurs richesses en avares et oublient de faire le bien. Ils veulent garder leur fortune dans leurs mains et ils n'en font profiter personne. C'est là richesse mauvaise qui n'honore pas son propriétaire.

Quoi qu'il en soit, le vilain quitta la cour en emportant la robe du comte. Sur le chemin du retour, il songeait aux proverbes qu'on a coutume de dire: « Qui reste chez lui, se dessèche » et encore « Qui sort de chez lui obtient profit ».

« Si j'étais resté chez moi à m'occuper de mes bœufs, se dit-il, je n'aurais jamais été habillé d'une robe écarlate toute neuve. »

1. **Braver**: défier l'autorité de.

Arrêt sur lecture 2

Un quiz pour commencer

Cochez les bonnes réponses.

❶ *Dans quelle situation les deux frères d'*Estula *se trouvent-ils ?*

- ❒ Ils sont riches et orphelins.
- ❒ Ils sont pauvres et orphelins.
- ❒ Ils sont pauvres car leurs parents les privent de tout.

❷ *Pourquoi le bourgeois envoie-t-il son fils chercher un prêtre ?*

- ❒ Parce qu'il veut l'inviter à dîner.
- ❒ Parce qu'il pense que son fils est possédé par le diable.
- ❒ Parce qu'il pense que son chien est possédé par le diable.

❸ *Dans* La vieille qui graissa la patte au chevalier, *que réclame le prévôt à la vieille femme ?*

- ❒ L'une de ses deux vaches.
- ❒ Une importante somme d'argent.
- ❒ Un rôti bien cuisiné.

❹ *Que conseille la voisine à la vieille femme ?*

- ❒ De rassembler ses économies.
- ❒ De graisser les pattes de ses vaches.
- ❒ De payer un chevalier pour qu'il l'aide.

❺ *Dans* **Le Vilain de Farbu,** *pourquoi le vilain se rend-il au marché ?*

- ❒ Parce qu'il veut acheter des légumes.
- ❒ Parce que son épouse lui a confié une liste précise d'achats.
- ❒ Pour rencontrer un ami.

❻ *Quelle expérience douloureuse le vilain fait-il à la fin du fabliau ?*

- ❒ Il fait tomber son écuelle sur ses pieds.
- ❒ Il se brûle en avalant de la bouillie.
- ❒ Il s'étrangle avec un morceau de pain.

❼ *Dans* **Le Vilain et la Tarte,** *que donne le sénéchal à Raoul ?*

- ❒ Une part de tarte.
- ❒ Une gifle.
- ❒ Un bonnet neuf.

❽ *Comment Raoul réagit-il ?*

- ❒ Il remercie chaudement le sénéchal.
- ❒ Il attend puis se venge du sénéchal en lui rendant sa gifle.
- ❒ Il quitte le château du comte sans demander son reste.

Des questions pour aller plus loin

Étudier la dimension comique des fabliaux

Jeux de mots et expressions à double sens

❶ Dans *Estula*, quelle confusion le nom du chien entraîne-t-il ? Comment expliquez-vous ce malentendu ?
❷ Dans *La vieille qui graissa la patte au chevalier*, comment la vieille femme comprend-elle l'expression « graisser la patte à quelqu'un » ? Sur quoi sa confusion repose-t-elle ?
❸ Dans *Le Vilain et la Tarte*, comment le sénéchal et le vilain comprennent-ils chacun le sens de l'expression « donner une tarte » ?

Des situations comiques

❹ À plusieurs reprises dans *Estula*, les personnages prennent une chose pour une autre : expliquez ces quiproquos en précisant qui ils concernent et sur quoi ils reposent.
❺ Pourquoi la méthode de Robin n'empêche-t-elle pas le vilain de Farbu de se brûler ? Que pensez-vous de la réaction du père (l. 67-77) ?
❻ Dans *Le Vilain et la Tarte*, à quoi le comique de situation est-il dû ? Dans quelle mesure le vilain se montre-t-il audacieux ?

Rire des défauts humains

❼ Dans *Le Vilain de Farbu*, relevez les mots appartenant au champ lexical de la gourmandise. Quelle conséquence ce défaut entraîne-t-il pour le personnage concerné ?
❽ Quels défauts la vieille femme qui graisse la patte au chevalier et le vilain de Farbu ont-ils en commun ? Comment sont-ils ridiculisés et quelle image des pauvres est ainsi donnée ?

❾ Quel défaut le prévôt de *La vieille qui graissa la patte au chevalier* et le sénéchal dans *Le Vilain et la Tarte* ont-ils tous deux ? Ces personnages sont-ils récompensés ou punis pour leur comportement ?
❿ Dans *La vieille qui graissa la patte au chevalier*, quelle(s) différence(s) notez-vous dans la manière dont sont présentés le prévôt (l. 6-9) et le chevalier (l. 12-16) ?

Zoom sur *Estula* (p. 43-46)

⓫ Relevez les expressions qui soulignent la pauvreté des deux frères au début du fabliau (l. 1-10). Quelle est la figure de style employée ?
⓬ Dans la tenue du prêtre, quels sont les deux détails qui jouent un rôle important dans la suite de l'histoire ? Précisez quel est ce rôle.
⓭ En vous appuyant sur la moralité du fabliau (l. 83-85), montrez comment la pauvreté des uns et la bêtise des autres justifient la malhonnêteté.
⓮ La fin de ce fabliau vous semble-t-elle morale (conforme à l'idée du bien et du mal) ? Justifiez votre réponse.

Rappelez-vous !
Les fabliaux sont des récits comiques. En plus des **retournements de situations** et autres **quiproquos**, le rire du lecteur est provoqué par le caractère des personnages, souvent caricaturaux et ridicules, comme le vilain de Farbu. Le comique provient aussi de **jeux de mots**, qui entraînent des confusions sonores comme dans *Estula*, ou de **détournements d'expressions** qui sont prises au sens propre au lieu du sens figuré, comme dans *La vieille qui graissa la patte au chevalier* ou dans *Le Vilain et la Tarte*.

De la lecture à l'écriture

Des mots pour mieux écrire

❶ ***Reliez chacun des mots suivants à sa définition.***

Écuyer	•	•	Homme responsable des cérémonies religieuses
Ménestrel	•	•	Officier au service d'un seigneur, chargé de l'organisation du château
Prévôt	•	•	Artiste qui va de ville en ville déclamer ses poèmes et chansons
Sénéchal	•	•	Apprenti chevalier
Prêtre	•	•	Agent d'un seigneur chargé de rendre la justice

❷ ***Dans chacune des phrases suivantes, précisez si le mot en gras est employé au sens propre ou au sens figuré.***

a. Le paysan porte un chapeau sur la **tête**.
b. Le sénéchal est à la **tête** des serviteurs du comte.
c. Le vilain a une tignasse de **cheveux** hirsutes.
d. Ersant a un **cheveu** sur la langue.
e. En plus de s'être brûlé la langue, le vilain de Farbu a mal aux **dents**.
f. Le prévôt a une **dent** contre la vieille femme.

À vous d'écrire

❶ Comme dans *La vieille qui graissa la patte au chevalier*, imaginez un récit dans lequel un personnage comprend au sens propre une expression figurée. Choisissez l'une des expressions suivantes : tomber dans les pommes, caresser dans le sens du poil, jeter de l'huile sur le feu, mettre les pieds dans le plat. Racontez les circonstances de cette confusion et ses conséquences comiques.
Consigne. Votre texte, d'une trentaine de lignes, sera écrit à la troisième personne et aux temps du passé. Il contiendra un dialogue correctement présenté (ponctuation, verbes de parole).

❷ En vous inspirant du fabliau *Estula*, racontez un quiproquo auquel vous avez été mêlé(e) après avoir mal entendu ou mal compris les paroles d'une autre personne.
Consigne. Votre récit, d'une vingtaine de lignes, sera écrit à la première personne et aux temps du passé. Il précisera le sujet et les circonstances du quiproquo, et racontera comment il s'est terminé.

Du texte à l'image

Histoire des arts

Scène de marché, miniature tirée des _Chroniques du concile de Constance_ d'Ulrich Richental, vers 1438.

Un troupeau de moutons enfermé dans un enclos, miniature tirée du psautier de Luttrell, vers 1325-1340.

➡ Images reproduites en fin d'ouvrage, au verso de la couverture.

Lire l'image

❶ Où se déroule la scène représentée dans l'illustration du haut ? Dressez la liste des différentes denrées que vous pouvez identifier.

❷ En vous appuyant sur l'attitude des personnages, précisez à quelles activités chacun d'eux est occupé (présentation des produits, négociation, vente, achat, etc.)

❸ À quelles activités propres à l'élevage des moutons les personnages de l'illustration du bas se livrent-ils ?

Comparer le texte et l'image

❹ Dans quel fabliau de cet Arrêt un personnage se rend-il dans le lieu représenté dans l'illustration du haut ? Que doit-il y acheter ?

❺ Quel fabliau de cet Arrêt a pour décor une ferme destinée à l'élevage des moutons ? Quels éléments de l'illustration du bas retrouve-t-on dans le texte ?

À vous de créer

❻ Choisissez un des personnages de l'illustration du haut et dressez-en le portrait. Votre texte, d'environ cinq lignes, suivra une progression ordonnée et présentera la description physique du personnage.

❼ Vous êtes un illustrateur chargé de créer une image pour accompagner la publication du fabliau *Le Vilain et la Tarte* : quelle scène du fabliau choisissez-vous d'illustrer et pourquoi ? Imaginez et décrivez l'image que vous souhaitez proposer.

Brunain, la Vache au prêtre[1]

par Jean Bodel

Voici l'histoire d'un vilain et de sa femme. Un jour de fête de Notre-Dame, ils allaient prier à l'église. Le prêtre, avant de commencer la messe, monta en chaire[2] pour faire son sermon. Il dit qu'il faisait bon donner pour Dieu et que Dieu rendait le double à qui y avait mis tout son cœur. Le vilain dit à sa femme :

– Entends-tu, belle sœur[3], ce que promet le prêtre ? Qui pour Dieu donne volontiers recevra plus qu'il n'a donné. On ne peut pas faire un meilleur usage de notre vache que de la donner pour Dieu au prêtre. Que t'en semble ? D'ailleurs, elle a si peu de lait.

– Dans ces conditions, sire, je veux bien la donner, répond la dame.

Ils s'en retournent à la maison sans plus de discours. Et le vilain se dirige vers l'étable, prend sa vache par la corde et s'en va la présenter au prêtre de la paroisse[4], un homme sage et habile.

– Beau sire, lui dit le vilain, pour l'amour de Dieu je vous donne Blérain.

Il lui met la corde dans la main et jure qu'elle n'est plus à lui.

---

1. Au prêtre : du prêtre (tournure vieillie, incorrecte aujourd'hui).

2. Chaire : endroit surélevé d'où le prêtre s'adresse aux fidèles pour prononcer ses discours religieux.

3. « Sœur » est ici employé dans un sens religieux, les catholiques appelant leurs semblables « frères » ou « sœurs ».

4. Paroisse : territoire sur lequel un prêtre exerce ses fonctions.

– Ami, tu viens d'agir de la bonne façon, répond le prêtre Constant[1] qui est toujours d'humeur égale. Tu peux aller, tu as bien rempli ta mission. Si tous mes paroissiens étaient aussi pleins de sagesse que tu l'es, j'aurais abondance de bêtes.

Le vilain prend congé du prêtre[2] qui commande d'attacher ensemble, pour les habituer, Blérain et Brunain sa propre vache. Alors le clerc[3] mène Blérain vers l'enclos où il trouve Brunain. Il les attache ensemble, puis s'en retourne et les laisse.

La vache du prêtre se baisse, car elle veut pâturer[4], mais Blérain n'a pas envie de se laisser faire ; elle tire tellement fort sur la corde qu'elle attire l'autre dehors et la conduit à travers maisons, champs et prés. La voici de retour chez elle, en compagnie de la vache qu'elle s'est décarcassée à ramener.

Le vilain regarde et la voit ; cela lui fait tout chaud au cœur.

– Ah, belle sœur, dit-il à sa femme, c'est bien vrai que Dieu rend au double. Voilà Blérain qui revient avec une autre : une superbe vache brune. Cela nous en fait deux pour une : l'étable sera petite !

Le fabliau, dans cet exemple, nous montre que fou est celui qui ne s'abandonne pas à Dieu. Le bien[5] est à celui à qui Dieu le donne et non pas à celui qui le cache et l'enfouit. Pour augmenter ses biens, il faut, pour le moins, une grande chance. Grande fut celle du vilain qui obtint ainsi deux vaches, et le prêtre aucune. Tel croit avancer qui en fait recule.

---

1. L'adjectif « constant » signifie « d'humeur toujours égale ».
2. **Prend congé du prêtre** : quitte le prêtre.
3. **Clerc** : jeune homme qui étudie pour entrer dans le clergé.
4. **Pâturer** : brouter l'herbe.
5. **Le bien** : ce que l'on possède.

La Capuche du prévôt (Le Prévôt à l'aumusse[1])

Voici le fabliau d'un chevalier qui valait bien un comte. Il était riche, avait des biens, femme et enfants comme c'en est la coutume et l'usage. Durant vingt ans et plus, ce chevalier vécut sans chercher querelle à[2] personne. Il était donc très aimé des gens de sa maison et de bien d'autres en la contrée[3].

Un beau jour, le désir le prit d'aller à Compostelle prier le baron saint Jacques[4]. Il confia la garde de sa terre à un sien prévôt[5] qui n'était rien de plus qu'une belle fripouille, une canaille, tirant prestige de[6] son pouvoir, comme cela arrive chez bien des méchants.

Il avait nom Grevais, il était fils d'Erambaut Brache-huche. L'homme était vraiment un pervers malfaisant.

Sur sa grosse tête carrée, il portait une aumusse de bonne laine, bien fourrée, destinée à le protéger du froid.

Le chevalier prit toutes les dispositions nécessaires avant de quitter sa maison pour faire son pèlerinage. Il passa si bien plaines

1. **Aumusse** ou aumuche : courte cape couvrant les épaules avec un bonnet fourré (sorte de capuche).
2. **Chercher querelle à** : provoquer, se disputer avec.
3. **Contrée** : région.
4. **Le baron saint Jacques** : dans la Bible, apôtre saint Jacques, qui fait l'objet d'un pèlerinage dans une ville espagnole nommée Saint-Jacques-de-Compostelle.
5. **À un sien prévôt** : à l'un de ses prévôts.
6. **Tirant prestige de** : abusant de, tirant gloire et profit de.

et forêts qu'il parvint chez saint Jacques. Là, il fit offrande[1] de plus de vingt deniers, après quoi il prit le chemin du retour.

Comme il rentrait sans détour, il se retrouva bientôt non loin de sa maison, à une journée de voyage. Au matin, il envoya un sien écuyer demander à sa femme et à ses amis de venir à sa rencontre afin de prendre part à sa joie. En sa maison, il fit commande d'un bon repas: viande, poisson, vin à volonté, pour que chacun soit rassasié.

L'écuyer se rendit en toute hâte au château où il fut accueilli dans la joie. Le lendemain, les amis du chevalier allèrent à sa rencontre et lui firent joyeuse escorte[2] jusqu'au logis où le repas était prêt.

Grevais, le prévôt, ne s'est pas oublié; il est parmi les premiers convives et fait grand mine d'être joyeux. Le chevalier, lui, veille à tout; il se soucie de tous ses gens[3], il a réservé une bonne place à son prévôt, à côté d'un puissant chevalier. On sert en premier des pois accompagnés de gros morceaux de lard plein les écuelles. Ce plat réjouit le prévôt. Il voit le lard épais et bien fondant dans sa graisse, il se dit qu'il pourrait après tout en voler un joli morceau, qui durerait un bon bout de temps pour peu qu'on le mange avec modération.

Son voisin de table, le chevalier, parlait avec un sien compagnon assis à ses côtés, si bien qu'il ne faisait pas attention. Alors le prévôt se baisse, comme pour moucher son nez, dans le dos du chevalier. Il glisse le morceau de lard dans son aumusse, qui est fort profonde et large, puis la remet sur sa tête comme avant.

Un valet apporte une bûche pour le feu et la bûche commence à s'embraser. Grevais aimerait bien reculer, mais il n'en a guère

1. **Offrande**: don fait à une divinité ou à une figure religieuse en signe de reconnaissance et de respect.
2. **Lui firent joyeuse escorte**: l'accompagnèrent joyeusement.
3. **Ses gens**: son entourage.

le loisir[1] car il est assis dans un coin et ne peut se mouvoir[2] ni en avant ni en arrière.

Il commença à sentir la chaleur. Le lard, sous le bonnet, se mit à fondre goutte à goutte et la graisse lui coulait sur les yeux et sur la figure, comme ferait une viande de vache bien grasse.

En face de lui, un valet était en train de faire le service. Remarquant le prévôt indisposé[3] sous sa lourde capuche fourrée, il fit sauter le bonnet à l'aide d'une baguette pelée[4], et le lard tomba sur le manteau de son voisin le chevalier.

Et maintenant oyez[5] ce que fit le prévôt. Il sauta par-dessus le feu et détala vers la porte. Mais les écuyers de service, qui avaient vu le coup, lui donnèrent une grosse gifle qui le fit s'étaler par terre où il prit une volée de coups à la tête et à l'échine[6].

Les cuisiniers sortirent de la cuisine et, sans demander de quoi il retournait, prirent des tisons[7] du feu pour lui tomber dessus. Ils le frappèrent en haut, en bas, tant et si bien qu'ils lui brisèrent les reins. Avec leurs bâtons, les pieds et les mains, ils lui infligèrent plus de trente plaies si bien qu'il en fit dans ses braies[8]. Pour finir, ils le prirent par les bras et le traînèrent dehors, et le jetèrent dans un fossé juste à côté d'un chien crevé, pour sa plus grande honte.

Ce fabliau retire de cette histoire que les voleurs ont la richesse ; mais Dieu qui fut mis sur la croix leur envoie la misère, pour donner force aux pauvres gens.

---

1. **Il n'en a guère le loisir** : il n'en a pas la possibilité.
2. **Se mouvoir** : bouger, ici se pencher.
3. **Indisposé** : mal à l'aise, malade.
4. **Baguette pelée** : bâton de bois dont on a retiré l'écorce.
5. **Oyez** : écoutez.
6. **Échine** : dos.
7. **Tisons** : braises.
8. **Braies** : sorte de pantalon.

Le Vilain Ânier[1]

Il advint qu'à Montpellier un vilain avait pris l'habitude de ramasser du fumier et d'en charger ses deux ânes, afin de fumer la terre[2].

Un jour qu'il avait chargé ses ânes, sans plus tarder il entra avec eux dans la ville, les poussant devant lui à grand-peine, en criant maintes fois « Hue ! Hue ! »

Il s'en tira finalement assez bien et arriva dans la rue des vendeurs d'épices. Les garçons y battaient les mortiers[3].

Dès qu'il sent l'odeur des épices[4], on pourrait lui donner cent marcs[5] d'argent qu'il n'avancerait plus, même d'un pas. Le voilà qui tombe évanoui sur-le-champ, comme mort.

Alors c'est le désarroi[6]; les gens disent:

– Pitié, mon Dieu ! Voyez cet homme qui vient de mourir ici !

Et personne ne sait dire pour quelle raison.

Quant aux ânes, ils se tenaient bien tranquilles au milieu de la rue, car l'âne n'a pas pour habitude de se mettre en marche si personne ne le lui demande.

---

1. **Ânier**: celui qui conduit les ânes.
2. **Fumer la terre**: répandre du fumier sur les champs en guise d'engrais.
3. **Les garçons y battaient les mortiers**: les jeunes employés écrasaient à l'aide de pilons des épices ou des plantes rassemblées dans des vases.
4. Au Moyen Âge, les épices étaient très coûteuses et donc réservées aux plus riches.
5. **Marc**: ancienne unité de poids utilisée pour peser l'or et l'argent.
6. **Désarroi**: confusion, panique.

Un homme qui passait par là s'approche discrètement et dit aux gens attroupés :

– Seigneurs, si quelqu'un voulait que guérisse cet homme, je le ferais pour du son[1].

Un bourgeois lui répond :

– Guérissez-le tout de suite ; vous aurez vingt sous de mes deniers.

Et l'homme répond :

– Bien volontiers.

Il attrape la fourche que portait le vilain tout en poussant ses ânes, il la charge d'un bon tas de fumier qu'il lui présente sous le nez. Respirant le parfum du fumier, le vilain ne se souvient plus de l'odeur des épices. Il ouvre les yeux, saute sur ses pieds et se déclare complètement guéri. Tout content et joyeux, il dit qu'il ne passera plus jamais par cette rue qui sent si fort les épices et indispose[2] celui qui a l'habitude de respirer du fumier.

Je veux montrer par cette histoire qu'il n'a ni bon sens ni mesure celui qui prétend renier sa nature.

Personne ne doit renier ce qu'il est.

1. **Pour du son** : pour peu d'argent (le son est ce qui reste du blé après qu'on l'a moulu).
2. **Indispose** : rend malade.

Le Vilain et l'Oiselet[1]

par Barbazan

Un homme avait un beau jardin. Il aimait s'y promener chaque matin à la saison où retentissent les délicieux chants des oiseaux et de leurs petits. Une petite fontaine y coulait si bien que l'endroit était toujours vert.

Un jour, tandis que les oiseaux faisaient retentir leurs doux babils[2], l'homme vint dans son jardin pour se reposer. Il entendit un chant si beau qu'il fut pris du désir de capturer l'oiseau. Il tendit un filet et le prit. L'oiseau lui dit :

– Pourquoi t'es-tu donné tant de peine pour me capturer ? Pourquoi cette ruse ? Quel profit penses-tu en retirer ?

L'homme répondit :

– Je veux que tu chantes pour moi.

– Si tu t'engages à me laisser aller partout où je voudrai, dit l'oiseau, je chanterai autant que tu voudras. Mais tant que tu me garderas prisonnier, tu n'entendras pas un son sortir de ma gorge.

L'homme lui dit :

– Si tu ne veux pas chanter pour moi, je crois bien que je vais te manger.

– Me manger, répondit le fragile oiseau, comment ça ? Je suis vraiment trop maigre et l'homme qui me mangera n'en deviendra

1. **Oiselet** : petit oiseau.
2. **Babils** : cris d'oiseaux.

pas plus gras. Si tu me rôtis, je serai tout sec et tu n'auras rien à manger. Je ne vois pas de quelle façon il faudrait me faire cuire pour que je devienne savoureux. Mais si tu me relâches, ce sera tout bénéfice pour toi. Car je te dirai, seigneur vassal[1], trois secrets que tu apprécieras plus que la viande de trois veaux.

L'homme le laissa donc partir en lui demandant de tenir sa promesse.

L'oiseau lui dit aussitôt :

– Premièrement, ne sois pas naïf au point de croire ce qu'on te racontera. Deuxièmement, ce que tu tiens dans tes mains, ne le relâche pas contre des promesses. Troisièmement, si tu perds quelque chose, ne passe pas ton temps à le regretter. Ce sont là les trois secrets que j'avais promis de te révéler.

Ensuite, l'oiseau alla se percher sur une branche et se mit à chanter un doux chant :

– Béni soit le Dieu de Majesté qui t'a rendu aveugle et a enlevé de ta cervelle la réflexion et l'intelligence ! Tu viens de perdre une belle fortune. Car si tu avais ouvert mon corps, sans mentir, tu aurais trouvé pierre précieuse pesant exactement une once[2].

À ces mots, le vilain se mit à se lamenter. Comme il regrettait d'avoir laissé partir l'oiseau !

– Pauvre sot, dit l'oiseau, étourdi ! Tu as donc déjà oublié les trois secrets que je t'ai révélés ? N'ai-je pas dit que tu ne dois pas croire tout ce qu'on entend raconter ? Crois-tu vraiment que je pourrais cacher dans mon gésier[3] une pierre pensant une once, moi qui ne pèse pas tant ? Et mon troisième secret, t'en souviens-tu ? Ne t'ai-je pas dit que, s'il t'arrive de perdre quelque chose, tu ne dois pas passer ton temps à le regretter ?

Sur ces mots, l'oiseau s'envola et prit la direction des bois.

1. **Vassal** : qui tient sa terre d'un seigneur dont il dépend.
2. **Once** : ancienne unité de poids (1 once équivaut à environ 30 grammes).
3. **Gésier** : estomac des oiseaux.

La Couverture partagée (La Housse partie)

par Bernier

Aujourd'hui, je vais vous raconter l'aventure qui survint, il y a bien dix-sept ou vingt ans, à un riche d'Abbeville[1], qui dut quitter sa ville, lui, sa femme et son fils. Si ce riche propriétaire se résigna à quitter sa terre, c'est parce qu'il était en guerre avec des gens plus forts que lui. Cela entretenait en lui les sentiments d'insécurité et de crainte.

D'Abbeville il vint donc à Paris où il trouva la tranquillité ; il alla faire son hommage[2] au roi et devint son sujet. Il était sage et accueillant, sa dame se montrait très gaie, et le fils était loin d'être sot, grossier et mal éduqué. Ses voisins furent enchantés de le voir résider dans la même rue. Ils venaient souvent lui rendre visite et lui témoignaient grand respect. On gagne sans trop de peine l'estime des autres en prodiguant[3] de bonnes paroles, et l'on en reçoit en retour. Celui qui dit du bien d'autrui[4] entend parler de lui en bien ; celui qui dit et fait du mal doit s'attendre à être traité de la même façon. Chaque jour en apporte la preuve.

---

1. **Abbeville** : ville située en Picardie.
2. **Faire son hommage** : prêter serment d'allégeance au roi, c'est-à-dire promettre de lui être soumis en échange de sa protection.
3. **En prodiguant** : en donnant généreusement.
4. **D'autrui** : des autres.

– Mon fils, ta mère est morte. Prions Dieu pour qu'il lui accorde son pardon. Sèche tes yeux et essuie-toi la figure : pleurer ne te sert à rien. Nous mourrons tous, tu le sais bien. Il faudra en passer par là car personne ne peut échapper à la mort. Fils, regarde le bon côté des choses : te voilà devenu beau jeune homme, en âge de te marier, et moi je suis devenu vieux. Si je trouvais un parti[1] dans une famille de bonne réputation, j'utiliserais ma fortune. Tes amis en effet sont trop loin pour t'aider en cas de besoin, et tu ne pourras compter sur les gens si tu ne t'imposes pas à eux. Si je trouvais une femme bien née, de bonne famille et de bon lieu, avec oncles et tantes, frères et cousins germains[2], si je voyais là l'occasion pour toi d'un bon mariage, je puiserais volontiers dans ma bourse[3].

L'histoire nous raconte, seigneurs, qu'il y avait dans le pays trois frères, tous chevaliers, et qui avaient père et mère de haute lignée[4]. Tout le monde connaissait et vantait leurs exploits. Mais ils n'avaient pas d'héritage, pas de terres, pas de forêts, pas de domaines qu'ils auraient pu mettre en gage[5] pour s'inscrire dans les tournois. Ils avaient même dû emprunter trois mille livres aux usuriers[6], ce qui leur causait beaucoup de soucis et les conduisait à la ruine.

L'aîné, qui était veuf[7], avait une fille ; elle habitait Paris, dans une bonne maison héritée de sa mère et située précisément en face de celle où vivaient l'homme et son fils. La maison n'étant pas au père, les parents de la mère décédée ne le laissèrent pas

1. **Un parti** : une femme à épouser.
2. **Cousins germains** : fils ou filles d'un oncle ou d'une tante.
3. Expression imagée pour montrer que le vieil homme se montrera généreux s'il trouve une bonne épouse pour son fils.
4. **De haute lignée** : de familles nobles.
5. **Mettre en gage** : donner en garantie en échange d'un prêt.
6. **Livres** : ancienne monnaie (la livre parisis était fabriquée à Paris) ; **usuriers** : personnes qui prêtent de l'argent en échange d'intérêts très élevés.
7. **Qui était veuf** : dont l'épouse était morte.

s'en saisir ; elle rapportait en loyer vingt livres parisis chaque année, qu'il suffisait d'empocher sans autre souci.

Le père de notre jeune homme vint demander au père et à son entourage la main de cette jeune fille de bonne famille. Les chevaliers s'enquirent de[1] ce qu'il possédait en marchandises et en argent. Il leur répondit volontiers :

– En marchandises et en argent, je possède environ mille cinq cents livres, et je mentirais si je disais en avoir plus. Cet argent honnêtement acquis, j'en donnerai la moitié à mon fils.

– Nous ne pouvons pas vous donner notre accord, beau sire, répondirent les chevaliers. Si vous décidiez de vous faire templier[2], ou moine blanc, ou moine noir[3], vous devriez immédiatement laisser tous vos biens au temple ou à l'abbaye[4]. Cela ne nous convient pas, vraiment.

– Et pourquoi donc, dites-moi ?

– Bien volontiers, sire. C'est tout ce que vous possédez qu'il faut donner à votre fils ; qu'il en devienne propriétaire pour que ni vous ni personne ne puissiez venir lui réclamer quoi que ce soit devant la justice. Si vous acceptez ces conditions, le mariage aura lieu. Sinon, votre fils n'aura pas la demoiselle.

Le père du jeune homme prit le temps pour réfléchir. Il regarda son fils, il réfléchit encore, mais tout ce temps de réflexion fut bien mal employé ; il leur dit en effet :

– Seigneurs, j'accepte vos conditions. Et voici notre accord : si mon fils épouse votre fille, je lui donnerai tout ce que je possède. Écoutez bien : je veux qu'il ne me reste rien, je lui remets tous mes biens.

1. **S'enquirent de** : demandèrent.
2. **Templier** : moine soldat.
3. Couleurs correspondant aux différents ordres auxquels peuvent appartenir les moines : noir pour l'ordre des bénédictins, blanc pour l'ordre des cisterciens.
4. **Au temple ou à l'abbaye** : à l'église ou au monastère.

Ainsi, devant témoins, le père se dessaisit de tout ce qu'il a[1]; le voilà nu, comme une branche pelée. Il n'aura ni nourriture ni argent pour subvenir à ses besoins si son fils ne les lui donne. Aussitôt dit, aussitôt fait: le chevalier prend sa fille par la main et la donne au jeune homme. Et le mariage a lieu.

Les nouveaux mariés vécurent en bonne entente pendant deux ans. L'épouse donna naissance à un bel enfant qui fut très choyé[2]; elle-même fut bien choyée, elle prit souvent des bains et célébra ses relevailles[3].

Le père vivait toujours dans la maison du couple, mais il s'était donné le coup mortel[4] en cédant sa fortune pour vivre sous l'entière dépendance de son fils.

Douze ans passèrent, le petit-fils avait grandi et comprenait bien la situation. Il avait souvent entendu parler de ce que son grand-père avait fait pour que son père épouse sa mère; dans sa tête d'enfant, il n'avait rien oublié.

Le grand-père était vieux désormais, il marchait avec un bâton. Son fils trouvait qu'il tardait à mourir; pour un peu, il serait déjà allé acheter le drap qui servirait à son enterrement. La femme, elle, qui était fière et orgueilleuse, le dédaignait[5] et ne le fréquentait qu'à contrecœur. Elle finit par dire à son mari:

– Sire, si vous m'aimez, je vous en prie, renvoyez votre père. Sur la tête de ma mère, je ne prendrai plus un repas tant que je le saurai dans la maison. Mettez-le dehors.

– Dame, répondit le fils, je vous le promets.

Comme il craignait sa femme, il alla trouver son père et lui dit sans ménagement[6]:

---

1. **Se dessaisit de tout ce qu'il a**: renonça à tous ses biens en faveur de son fils.
2. **Choyé**: entouré de tendresse et d'attentions.
3. **Relevailles**: cérémonie religieuse après un accouchement.
4. **Il s'était donné le coup mortel**: il avait causé sa perte.
5. **Le dédaignait**: le méprisait, le prenait de haut.
6. **Sans ménagement**: brutalement.

– Père, père, allez-vous-en. On n'a que faire de vous ici. Allez donc vivre ailleurs. On vous nourrit dans notre maison depuis plus de douze ans. Levez-vous, faites vite. Cherchez ailleurs dès maintenant. À ces mots, le père se mit à pleurer amèrement ; il maudit le jour et l'heure de sa naissance :

– Ah, mon bel et doux enfant, que me dis-tu là ? C'est tout l'honneur que tu me fais de me mettre ainsi à la porte ? Je me contenterai d'un petit coin, je ne demande pas de feu, pas de couverture de lit, pas de tapis. Mais là, dehors, sous cet appentis[1], fais-moi apporter juste un peu de paille. Ne me jette pas hors de chez toi parce que je mange un peu de ton pain. Cela m'est égal de vivre là dehors, pourvu qu'on m'apporte un peu de soutien. Pour le peu qu'il me reste à vivre, tu ne dois pas me tourner le dos. Si tu me fais un peu de bien, Dieu te pardonnera tes péchés plus sûrement que si tu te faisais moine.

– Cher père, répondit le fils, pas tant de bavardages. Faites vite, partez. Vous voir encore ici, ma femme en deviendrait folle.

– Mais, fils, où veux-tu que j'aille ? Je n'ai plus rien à moi !

– En ville, tiens ! Vous y trouverez bien dix mille personnes de votre espèce qui arrivent à survivre. Ce serait bien de la malchance si vous n'arriviez pas à y trouver votre pitance[2]. Tout le monde a sa chance ! Des gens vous reconnaîtront et vous prêteront leur maison !

– Prêteront, dis-tu ! Qu'est-ce que cela peut bien leur faire que tu me jettes à la porte ? Tu ne t'occupes pas de moi, et tu crois que ceux pour qui je ne suis rien le feront à ta place ?

– Père, dit le fils, je n'y peux rien. Croyez-vous que je prends cette décision de gaieté de cœur ?

Le père a tellement de chagrin que, pour un peu, son cœur s'arrêterait. Faible comme il est, il se lève. Il sort de la maison en pleurant :

---

1. **Appentis** : remise, cabane adossée à un bâtiment principal.
2. **Pitance** : nourriture nécessaire pour survivre.

– Fils, dit-il, je te confie à Dieu. Tu veux que je m'en aille, soit. Accorde-moi, pour Dieu, au moins un bout de serpillière[1]. Cela ne te coûtera pas cher. Le vêtement que je porte est trop léger, c'est la seule chose qui me protège, et je ne supporte pas le froid.

Mais le fils rechigne[2] à donner :

– Père, dit-il, je ne peux pas en donner. Pour que vous en ayez une, il faudrait qu'on me l'enlève ou me la vole.

– Cher et doux fils, vois comme toute ma chair frissonne, je crains tellement le froid. Donne-moi une des couvertures qui couvrent ton cheval, que je n'attrape pas de mal.

Le fils cherche à se débarrasser de son père ; il voit qu'il n'y arrivera pas s'il ne lui cède pas quelque chose. Il appelle donc son garçon. Aussitôt appelé, le petit-fils arrive en courant :

– À vos ordres, père, dit-il.

– Va donc à l'écurie. Si tu la trouves ouverte, donne à ton grand-père la couverture qui est sur mon cheval sombre. Cela lui servira, s'il le veut, de manteau, de pèlerine[3] ou de couverture. Donne-lui donc la meilleure.

L'enfant, qui a la tête sur les épaules, dit à son grand-père de venir avec lui. Et celui-ci, rempli de peine et de chagrin, suit son petit-fils à l'écurie. Parmi les couvertures, il choisit la meilleure, la plus neuve, la plus grande. Il la plie par le milieu, prend son couteau et la coupe en deux, du mieux qu'il peut, bien proprement. Puis il en donne une moitié à son grand-père.

– Que veux-tu que je fasse de cette moitié, mon garçon ? Pourquoi as-tu coupé la couverture en deux ? C'est cruel, car ton père avait bien ordonné de me la donner tout entière ! Je m'en vais le trouver.

Le garçon lui répond :

– Allez où vous voudrez. Vous n'obtiendrez de moi rien de plus.

---

1. **Serpillière** : grosse toile qui sert à essuyer les sols.
2. **Rechigne** : fait preuve de mauvaise volonté.
3. **Pèlerine** : cape.

Le grand-père sort de l'écurie et va trouver son fils :

– Fils, on se moque de tes ordres. Ton fils ne te craint vraiment pas : pourquoi ne le corriges-tu pas ? Il a gardé la moitié de la couverture.

Le père dit à son fils :

– Dieu te punisse ! Donne toute la couverture à ton grand-père.

– Pas question, répond l'enfant à son père. Comment pourrais-je plus tard vous satisfaire ? Je vous en garde la moitié, et vous n'aurez rien de plus de ma part. Quand je serai plus tard le maître en cette maison, je partagerai avec vous comme vous partagez avec votre père. Il vous a donné sa fortune, je vous demanderai la vôtre. Vous n'emporterez rien de plus que ce que vous lui donnez. Si vous le laissez mourir dans la misère, je ferai pareil avec vous, si Dieu me prête[1] vie.

Entendant les propos de son fils, le père a un profond soupir. Il réfléchit, il s'examine. Son fils lui a donné une belle leçon ! Alors il se tourne vers son père :

– Père, revenez. Le diable et le péché, je crois bien, m'ont tendu un piège. S'il plaît à Dieu, cela ne recommencera plus. Je vous fais seigneur et maître de ma maison pour toujours. Si ma femme ne veut pas la paix, si elle ne peut pas vous sentir[2], alors je vous ferai servir. Vous aurez tout pour être à l'aise : couverture de lit et oreiller. Par saint Martin, je vous l'assure, je ne boirai jamais de vin ni ne mangerai de bons morceaux si vous n'en recevez pas de meilleurs. Vous aurez une chambre bien abritée, un bon feu de cheminée. Vos habits seront comme les miens. Vous avez été généreux envers moi quand vous m'avez donné votre fortune qui fait que je suis riche aujourd'hui.

Seigneurs, voyez dans cette histoire une belle et claire démonstration. Un fils chassa du cœur de son père les mauvaises pensées

---

1. **Me prête** : me laisse.
2. **Sentir** : ici, supporter.

dans lesquelles il s'embourbait[1]. Qu'ils y réfléchissent, ceux d'entre vous qui ont des fils à marier ! Ne faites rien qui vous mette en arrière, vous, les parents, qui êtes devant. Et ne donnez à vos enfants rien que vous ne puissiez reprendre ; ils sont, croyez-moi, sans pitié. Dès que leur père ne leur est plus utile, ils en sont vite fatigués. Celui qui se met sous le pouvoir d'un autre risque ici bas de grands ennuis. Il devra attendre qu'on veuille bien le nourrir. Ne vous mettez pas dans une telle situation.

Telle est la morale de l'histoire que vous a racontée Bernier du mieux qu'il a pu.

1. **S'embourbait** : s'enfonçait, se perdait.

Arrêt sur lecture 3

Un quiz pour commencer

Cochez les bonnes réponses.

❶ *Dans* Brunain, la Vache au prêtre, *comment le prêtre encourage-t-il les fidèles à être généreux envers Dieu ?*

- ❒ En leur disant que Dieu pardonne les péchés des gens généreux.
- ❒ En affirmant que Dieu leur rendra le double.
- ❒ En les menaçant d'aller en enfer s'ils ne donnent pas.

❷ *Pourquoi les deux vaches sont-elles attachées ensemble ?*

- ❒ Pour éviter qu'elles ne s'enfuient.
- ❒ Pour qu'elles s'habituent l'une à l'autre.
- ❒ Pour qu'elles se tiennent compagnie.

❸ *Dans* La Capuche du prévôt, *que cache le prévôt sous sa capuche ?*

- ❒ Sa tête chauve.
- ❒ Des pièces de monnaie.
- ❒ Un gros morceau de lard.

❹ *Dans* Le Vilain Ânier, *pourquoi le vilain s'évanouit-il en arrivant au marché ?*

❒ À cause de l'odeur du fumier.
❒ À cause de l'odeur du fromage.
❒ À cause de l'odeur des épices.

❺ *Dans* Le Vilain et l'Oiselet, *pourquoi le vilain capture-t-il l'oiseau ?*

❒ Parce qu'il souhaite le faire cuire et le manger.
❒ Parce qu'il veut que l'oiseau chante pour lui.
❒ Parce qu'il souhaite l'empailler et l'exposer en trophée.

❻ *Commet l'oiselet convainc-t-il le vilain de le relâcher ?*

❒ Il lui promet de venir le voir tous les jours.
❒ Il lui promet de lui confier trois secrets.
❒ Il lui promet de lui donner la pierre précieuse qu'il a dans le ventre.

❼ *Dans* La Couverture partagée, *pourquoi le vieillard est-il si pauvre ?*

❒ Parce qu'il a donné toute sa fortune à son fils.
❒ Parce qu'il a fait vœu de pauvreté.
❒ Parce qu'il a été dépouillé par des voleurs.

❽ *Grâce à qui le vieillard peut-il finalement rester vivre chez son fils ?*

❒ Grâce à son fils qui le supplie de rester.
❒ Grâce à son petit-fils qui menace son père de le chasser un jour.
❒ Grâce à sa belle-fille qui accepte finalement de ne pas le chasser.

Des questions pour aller plus loin

☛ Comprendre le sens des fabliaux

Tel apprend qui croyait prendre

❶ Dans *Brunain, la Vache au prêtre*, confrontez le sermon du prêtre (l. 2-5) et sa réponse lorsque le vilain lui offre sa vache (l. 18-21): quelle était son intention réelle ? Expliquez de quel trait de caractère il espérait profiter et en quoi il est pris à son propre piège.
❷ Par quel(s) argument(s) l'enfant convainc-t-il son père de ne pas chasser son propre père à la fin de *La Couverture partagée* ? Expliquez le retournement de situation qui s'opère alors.
❸ Dans *Le Vilain et l'Oiselet*, à l'aide de quels arguments l'oiseau piège-t-il le vilain ? De quel(s) défaut(s) du vilain tire-t-il ainsi profit ?

Une critique amusante de la société

❹ Dans *Brunain, la Vache au prêtre* et dans *La Capuche du prévôt*, le prêtre et le prévôt cherchent leur propre intérêt : comment leur comportement est-il puni ?
❺ En quoi est-il étonnant que le vilain aime l'odeur du fumier et pas celle des épices ? Quels rangs dans la société les épices et le fumier symbolisent-ils ? Expliquez en quoi ce fabliau prouve qu'il est impossible de changer de catégorie sociale au Moyen Âge.
❻ Au début de *La Capuche du prévôt*, comparez la description morale du chevalier et celle de son prévôt : que constatez-vous ? Montrez que ce fabliau donne une double image des puissants.
❼ Dans quelle mesure les fabliaux *Brunain, la Vache au prêtre*, *Le Vilain et l'Oiselet* et *La Couverture partagée* opposent-ils les faibles aux puissants ? Qui l'emporte dans chacun de ces récits ?

Des leçons de vie

8 Observez les moralités de ces cinq fabliaux. Relevez les expressions qui montrent que ces récits illustrent des leçons de vie.

9 Quel conseil est donné dans la moralité de *La Couverture partagée* ? À qui est-il adressé ? Pour répondre, appuyez-vous sur les apostrophes et sur les verbes à l'impératif.

10 Quel temps de l'indicatif retrouve-t-on dans les moralités de *Brunain, la Vache au prêtre*, *La Capuche du prévôt*, *Le Vilain Ânier* et de *La Couverture partagée* ? Quelle est la valeur de ce temps ?

11 Recopiez le tableau suivant et complétez-le. Dans lequel de ces fabliaux la moralité n'est-elle pas explicite, c'est-à-dire énoncée directement ?

Fabliau	Passage contenant la moralité (lignes)	Leçon à retenir	Personne qui formule la moralité
Brunain, la Vache au prêtre			
La Capuche du prévôt			
Le Vilain et l'Oiselet			
Le Vilain Ânier			
La Couverture partagée			

Zoom sur *Brunain, la Vache au prêtre* (p. 65-66)

12 À cause de quel défaut de sa vache le vilain s'en sépare-t-il plus facilement ? Pensez-vous qu'il fasse véritablement preuve de générosité en la donnant au prêtre ?

13 Relevez les adjectifs qui qualifient le prêtre (l. 12-14). Quel avantage a-t-il sur le vilain ?

14 Expliquez le retournement de situation qui s'opère dans ce fabliau. Reformulez sa moralité avec vos propres mots.

⓯ Dans ce fabliau, quelle image est donnée du vilain d'une part, du prêtre d'autre part ? Que peut-on en déduire sur la manière dont étaient considérées ces catégories sociales au Moyen Âge ?

Rappelez-vous !

Les fabliaux sont le **reflet de la société médiévale** : ils mettent en scène ses différentes catégories sociales et les rapports de forces qui les lient. Grâce aux retournements de situations, les fabliaux font triompher le pauvre face au riche et le faible face au puissant. Ils offrent ainsi une **satire** (une critique moqueuse) de la société. À la manière des fables, ces récits divertissants ont pour finalité d'instruire en délivrant une **moralité** ou des leçons de vie.

De la lecture à l'écriture

Des mots pour mieux écrire

❶ ***Reliez les expressions suivantes afin de former des proverbes.***

Tel qui rit le matin	•	•	qui recule.
Mieux vaut réfléchir	•	•	qui croyait prendre.
Qui fait la fête	•	•	le soir pleure.
Tel croit avancer	•	•	fait des dettes.
Mieux vaut employer la ruse	•	•	avant d'agir.
Tel est pris	•	•	que la force.

❷ **a.** ***Recopiez le tableau suivant et complétez-le.***

	Synonyme	Antonyme
Ingrat		
Crédule		
Loyal		
Généreux		

b. ***Employez chacun des mots de la première colonne dans une phrase qui en éclairera le sens.***

À vous d'écrire

❶ En vous inspirant de *La Couverture partagée*, racontez un épisode de votre vie au cours duquel vous avez aidé des adultes à résoudre un problème.

Consigne. Votre récit, d'une vingtaine de lignes, sera écrit à la première personne et aux temps du passé. Vous présenterez d'abord les circonstances du problème puis la solution que vous avez proposée. Enfin, vous raconterez la réaction des adultes.

❷ Imaginez et rédigez un fabliau qui illustrera l'une des moralités suivantes :
– Mieux vaut être seul que mal accompagné.
– Il y a plus de bonheur à donner qu'à recevoir.
– L'avenir appartient à ceux qui se lèvent tôt.
– Bien mal acquis ne profite jamais.
Consigne. Votre récit, d'une trentaine de lignes, respectera la structure habituelle d'un fabliau (introduction par le narrateur, récit des événements avec présence d'un dialogue, moralité de l'histoire). Veillez à ponctuer et à présenter correctement le dialogue.

Du texte à l'image Histoire des arts

Juan de Carrion, *L'Âne et le Petit Chien* (détail), manuscrit, fin du XVe siècle.
➡ Image reproduite en couverture.

Lire l'image

❶ Quel est l'animal représenté au premier plan de l'illustration ?
❷ À quelle catégorie sociale les deux personnages appartiennent-ils selon vous ? Justifiez votre réponse en vous appuyant sur leur tenue vestimentaire et sur l'activité à laquelle ils se livrent.
❸ À quel lieu de vie central dans la société du Moyen Âge correspond le bâtiment représenté à l'arrière-plan ?

Comparer le texte et l'image

❹ Quel personnage d'un des fabliaux de cet Arrêt pratique la même activité que les deux hommes représentés dans l'illustration ?

❺ Quel fabliau de cet Arrêt a pour cadre spatial le lieu représenté à l'arrière-plan de l'illustration ?

À vous de créer

❻ B2i À l'aide d'Internet et des ressources de votre CDI, cherchez d'autres couvertures de recueils de fabliaux. Choisissez deux images et présentez-les à vos camarades en justifiant vos choix.

❼ Vous êtes l'éditeur de ce recueil de fabliaux. Imaginez la couverture du volume et réalisez-la. Vous pouvez utiliser différentes techniques : dessin, peinture, montage de plusieurs illustrations.

Arrêt sur l'œuvre

Des questions sur l'ensemble des fabliaux

Les fabliaux, reflets de la société du Moyen Âge

❶ Dans combien de fabliaux les paysans occupent-ils une place centrale ? Cette proportion vous semble-t-elle représentative de la société du Moyen Âge ?

❷ Dressez la liste des fabliaux dans lesquels intervient un membre du clergé. L'image qui est donnée d'eux est-elle positive ou négative ?

❸ Quelles sont les différentes catégories de personnages riches évoquées dans les fabliaux ? De quels défauts et de quelles qualités font-ils preuve ?

❹ La plupart des personnages sont anonymes et sont simplement identifiés par leur fonction ou leur catégorie sociale. Quel est selon vous le but recherché ?

❺ Dans quels fabliaux un personnage féminin joue-t-il un rôle important ? Que pensez-vous de l'image de la femme transmise par les fabliaux ?

Faire rire...

❻ Donnez trois exemples de fabliaux qui reposent sur une tromperie. Précisez dans quel but chacune d'elle est imaginée et si elle est finalement réussie.

❼ Recopiez le tableau suivant et complétez-le à l'aide d'exemples tirés des fabliaux.

	Comique de gestes	Comique de mots	Comique de caractère	Comique de situation
Exemple				

❽ Quel fabliau vous a le plus amusé(e) ? Justifiez votre réponse en précisant ce qui vous a fait rire ou sourire.

... et instruire

❾ Dans quels fabliaux un personnage donne-t-il une leçon à un autre ?

❿ À qui les moralités des fabliaux sont-elles adressées ? Quel type de leçon donnent-elles généralement ?

⓫ Quel fabliau avez-vous trouvé le plus instructif ? Justifiez votre réponse en précisant en quoi la leçon donnée vous semble toujours d'actualité.

Des mots pour mieux écrire

Lexique de la richesse et de la pauvreté

Abondance : grande quantité de richesses.
Biens : ensemble de ce que l'on possède.
Dénuement : état d'une personne qui manque totalement de ce qui est indispensable pour vivre.
Indigence : état de grande pauvreté.
Misérable : qui vit dans un état extrême de pauvreté.
Opulence : extrême abondance de biens matériels.
Pénurie : manque de ce qui est nécessaire.
Prospérité : situation très favorable sur le plan économique.

Classez les mots suivants dans deux colonnes en fonction qu'ils sont synonymes du mot « richesse » ou du mot « pauvreté » :
fortune, besoin, opulence, dénuement, indigence, abondance, prospérité, misère, affluence, pénurie.

Lexique de la ruse et de la tromperie

Abuser quelqu'un : profiter de la naïveté de quelqu'un pour le tromper.
Berner : tromper quelqu'un en lui faisant croire à des choses fausses.
Crédulité : trop grande facilité à croire quelqu'un ou quelque chose, naïveté.
Duper : faire prendre à quelqu'un le faux pour le vrai.
Habileté : qualité de quelqu'un qui agit avec intelligence ou malice.
Ingénuité : naïveté excessive.
Malice : penchant qui pousse à tromper les autres.
Sournois : hypocrite, qui dissimule ses intentions réelles.
Stratagème : piège, ruse habile.
Tromper : se jouer de quelqu'un en usant de mensonge ou de dissimulation.

❶ ***Retrouvez l'intrus qui s'est glissé dans chacune des listes suivantes.***

a. Tromper, berner, duper, déjouer, abuser.
b. Malice, innocence, ruse, espièglerie, habileté.
c. Piège, stratagème, embûche, feinte, franchise.
d. Naïveté, crédulité, ignorance, incrédulité, ingénuité.

❷ ***Reliez chacune des expressions suivantes à sa définition.***

Mener quelqu'un en bateau. •	• Tromper par des paroles séduisantes mais peu fiables.
Avoir plus d'un tour dans son sac. •	• Tromper quelqu'un en lui mentant.
Donner le change. •	• Celui qui utilise son esprit se protège des abus de personnes mal intentionnées.
Être un beau parleur. •	• Faire croire n'importe quoi à quelqu'un.
Rouler quelqu'un dans la farine. •	• Donner une fausse impression de soi.
À malin, malin et demi. •	• Être très malin et débrouillard.
Homme rusé, tard abusé. •	• On trouve toujours plus intelligent que soi.

À vous de créer

❶ B2i *Réaliser un recueil de fabliaux*

Par groupes de deux élèves, vous allez écrire un fabliau sur le thème de la tromperie. Vous mettrez ensuite en commun les textes de la classe afin de créer un recueil.

Étape 1. Brouillon

– Imaginez une situation dans laquelle un personnage trompeur sera finalement trompé. Définissez la fonction ou le statut social de vos personnages et imaginez les circonstances et les conséquences de la tromperie.

– Élaborez un plan pour votre récit en respectant le schéma narratif caractéristique d'un fabliau : introduction du narrateur pour présenter le cadre et les personnages, enchaînement dynamique des événements, présence d'un dialogue, renversement de situation et moralité à la fin de l'histoire. Pensez à utiliser les différents types de comique pour rendre votre récit plaisant.

Étape 2. Rédaction et saisie

– Rédigez votre fabliau sur ordinateur à l'aide d'un logiciel de traitement de texte. Enregistrez votre travail dans le fichier que votre professeur vous aura indiqué.

– Relisez soigneusement votre texte et faites toutes les corrections nécessaires (orthographe, expression, présentation et ponctuation du dialogue).

– Soignez la présentation et illustrez votre texte à l'aide d'une image de votre choix. N'oubliez pas de donner un titre à votre fabliau.

Étape 3. Mise en commun

– En classe, lisez votre texte à vos camarades.

– Votre professeur pourra se charger de mettre en commun les fabliaux afin de créer un recueil. Vous pourrez organiser un vote pour choisir collectivement l'image de couverture.

❷ *Transformer un fabliau en farce et la jouer*

Par groupes de deux à cinq élèves, vous allez transformer un fabliau en farce puis mettre en scène et jouer celle-ci devant vos camarades.

Étape 1. Choix du fabliau
Choisissez parmi les trois fabliaux suivants celui que vous souhaitez transposer en scène de théâtre et jouer devant vos camarades (tenez compte du nombre d'élèves qui composent votre groupe):
– *Les Perdrix* (trois personnages);
– *Estula* (cinq personnages);
– *Le Vilain et l'Oiselet* (deux personnages).

Étape 2. Transposition
– Dans le texte que vous avez choisi, repérez les parties qui appartiennent au dialogue et ceux qui appartiennent à la narration. Vous pouvez distinguer les deux grâce à des couleurs.
– Transposez les paroles des personnages en répliques de théâtre.
– En vous appuyant sur les indications contenues dans les parties narratives du fabliau, rédigez des didascalies précisant les gestes et l'intonation des personnages.

Étape 3. Mise en scène et répétitions
– Réfléchissez aux costumes, aux accessoires et au décor nécessaires. En vous appuyant sur les didascalies et sur les sentiments éprouvés par les personnages, décidez quels gestes et quels déplacements vous devrez effectuer et quelles intonations adopter. Vous devez rendre votre farce vivante et faire saisir son intérêt.
– Répartissez-vous les rôles et apprenez votre texte. Entraînez-vous à le dire en articulant, en mettant le ton et en enchaînant vos répliques avec celles de vos camarades.

Étape 4. Représentation
Jouez votre farce devant vos camarades.

Groupements de textes

Groupement 1

Trompeurs trompés

Le Roman de Renart

Ce roman anonyme du XIIe siècle est construit autour de la figure de Renart, expert en matière de ruses. Habile et plein d'espièglerie, il abuse ses compagnons, dont Tibert le chat auquel il entend jouer un nouveau tour. Mais cette fois-ci, Tibert se montre plus avisé, et le trompeur se fait tromper.

C'est alors que, dans une sente[1] étroite, il repère sur le bord, près de l'ornière[2], entre les arbres et la chaussée, un piège de type « brail » ou « braion[3] » fait d'une branche de chêne fendue et tendu là par un vilain. Renart est trop fin[4] pour tomber dedans. Il l'esquive comme qui badine[5]. Mais cela lui donne une idée. Trêve ou pas trêve[6], maître Tibert, si je peux t'attirer dans le « broyeur », je te ferai passer un sale quart d'heure.

---

1. **Sente** : sentier.
2. **Ornière** : trace faite par les roues.
3. **Brail, braion** : piège à dents qui se referme sur la patte de l'animal.
4. **Fin** : intelligent.
5. **Comme qui badine** : comme quelqu'un qui joue.
6. Renart et Tibert avaient conclu une trêve (une période de paix).

À cette pensée peu charitable, Renart se sent tout ragaillardi, et il appelle son compagnon pour lui dire avec un petit rire:

– Messire Tibert, mon ami cher, vous savez que je vous estime fort, pour votre bravoure et votre ardeur, et votre cheval si rapide. Montrez-moi donc comment il court, sur ce chemin poudreux[1] à souhait ! Faites-le-moi galoper sur toute la longueur de la piste ! Le terrain est parfait: plat... égal...

Le Tibert est tout excité. Il faut vraiment que Renart soit fort, il faut qu'il soit le diable incarné pour convaincre un vieux chat des bois de se lancer à faire des sottises.

Tibert s'apprête à jouer de l'éperon... Il court, court encore à petits bonds, et fait tant qu'il arrive au brail... Une fois dedans, il comprend tout de suite que Renart manigance quelque chose... Mais il n'en laisse rien paraître. Il esquive en se reculant, s'éloigne du piège d'un demi-pied. Renart, qui l'a bien regardé faire, lui dit alors avec dédain :

– Vous montez mal, mon pauvre ami ! Vous poussez votre cheval en biais...

Et le chat ayant repris un peu de champ[2] :

– C'est à refaire ! Repiquez de l'éperon ! Mais menez votre monture plus droit !

– Volontiers ! Dites-moi comment m'y prendre...

– Menez-la qu'elle ne fasse aucun écart, et surtout qu'elle ne sorte pas du chemin !

Tibert laisse son cheval courir à cou tendu, jusqu'à ce qu'il voie le piège ouvert... Il continue sans se détourner et saute l'obstacle dans la foulée.

La feinte n'échappe pas au goupil[3]. Il a vu le petit bond discret, il comprend que l'autre n'est pas dupe et que cela va être ardu[4] de le surprendre. Il se demande ce qu'il va lui dire, et comment faire pour l'embrouiller de telle façon qu'il tombe dans le piège.

Il marche donc à sa rencontre, l'injure aux lèvres et le défi. Et lui jette, furieux, agressif:

---

1. **Poudreux**: couvert de poussière.
2. **Ayant repris un peu de champ**: s'étant éloigné.
3. **Goupil**: renard.
4. **Ardu**: difficile.

– Tibert, je n'ai pas peur de vous le dire, votre cheval ne vaut pas un clou ! Il est rétif[1], se cabre sans arrêt : ce sont des tares qui le déprécient[2], si jamais vous vouliez le revendre !

Tibert s'excuse platement pour tout ce dont Renart l'accuse. Humble et docile, il s'offre à recommencer le galop. Il s'y reprend à plusieurs fois, forçant l'allure le plus qu'il peut…

Pendant que Tibert se donne tout ce mal, voici que deux mâtins[3] surviennent à l'improviste. Ils arrivent tambour battant[4] et partent en aboiements furieux dès l'instant qu'ils voient le goupil. Les deux compères, fort effrayés, prennent la fuite au long du sentier… Ils courent, courent, l'un poussant l'autre, si bien qu'ils arrivent à l'endroit où est tendu le piège de bois.

Renart voit le piège sans appréhension[5]. Il n'a pas l'intention de tomber dedans. Mais c'est compter sans maître Tibert… Tibert, qui court à sa hauteur et qui le serre de près, de très près, soudain l'envoie dinguer de côté d'une forte bourrade[6] du bras gauche… Et mon Renart, pris au dépourvu, met le pied droit en plein dans le piège…

La clé de blocage est éjectée – l'engin fonctionne parfaitement ! Un claquement… Les mâchoires se referment, emprisonnant la patte de Renart. Voilà le goupil bien embêté.

Le chat lui a fait un beau cadeau en le poussant dans le braion ! Bon endroit pour prendre du plaisir ! Il va se faire caresser l'échine[7] ! Ah, Tibert, mauvais compagnon ! Tu as manqué à ton serment !

Renart reste sur place, et le chat s'éclipse, en lui criant à plein gosier :

– Renart, vous allez croupir[8] là ! Moi, je m'en vais : j'ai vraiment trop peur ! Le chat est un vieux routier[9], messire, et votre

---

1. **Rétif** : désobéissant.
2. **Des tares qui le déprécient** : des défauts qui lui font perdre de la valeur.
3. **Mâtins** : chiens.
4. **Tambour battant** : à vive allure.
5. **Appréhension** : crainte.
6. **Bourrade** : coup.
7. **Se faire caresser l'échine** : se faire caresser le dos (ironique) signifie qu'il va recevoir des coups.
8. **Croupir** : moisir.
9. **Est un vieux routier** : a de l'expérience.

stratégie ne paye pas ! Je crois que vous prendrez pension ici. Le rusé rencontre plus rusé que lui !

Le Roman de Renart [1174-1250], trad. de l'ancien français par P. Mezinski, Belin-Gallimard, « Classico », 2010.

Le Tailleur du roi et son Apprenti

Dans ce fabliau anonyme du XIIIe siècle, le jeune Nidui est l'un des apprentis d'un maître tailleur. Lors d'un repas, celui-ci a joué un tour à Nidui afin de le priver du miel (aliment de choix à l'époque) qui avait été servi au dessert. L'apprenti imagine une ruse pour se venger.

Un jour, il vint en grand secret trouver le chambellan[1] et s'adressa à lui à mots couverts[2] : « Seigneur, lui dit-il, au nom de Dieu, je vous prie de m'écouter car il faut que vous soyez mis au courant d'une certaine chose : périodiquement[3], à chaque changement de lune, notre maître a des troubles mentaux ; il perd le sens[4] et devient fou et si, alors, il n'est pas rapidement ligoté, toute personne qui croise son chemin risque de ne plus jamais pouvoir manger de pain ! »

Le chambellan répondit alors à Nidui :

« En vérité, si je pouvais prévoir précisément le début de ces crises, je le ferais si bien ligoter qu'il ne pourrait vous causer aucun dommage. »

Nidui répliqua alors : « Je vais vous dire comment cela se passe, car j'ai déjà eu l'occasion d'assister à ses crises : quand il se mettra à regarder ici et là et à battre de la main l'espace autour de lui et quand il se relèvera brusquement en bousculant son escabeau, alors vous pourrez être assuré que c'est sa folie qui le prend et il n'en sortira pas avant d'être ligoté et battu. »

Le chambellan dit alors à Nidui :

1. **Chambellan** : homme de naissance noble attaché au service d'un roi ou d'un grand seigneur.
2. **À mots couverts** : à voix basse.
3. **Périodiquement** : régulièrement.
4. **Le sens** : la raison.

« Je vais le surveiller du mieux que je le pourrai et quand je verrai les signes avant-coureurs[1] de la crise que vous m'avez décrits, je le ferai ligoter et battre. Plaise à Dieu que, par suite de sa folie, personne d'entre nous ne perde la vie ! »

Nidui ne perdit pas de temps : il cacha les ciseaux de son maître. Un jour, ce dernier voulut couper une pièce d'étoffe mais il ne put mettre la main sur ses ciseaux ; il regarda ici et là et se releva brusquement en bousculant son escabeau pour chercher partout ses ciseaux. Il tapota du pied le sol tout autour de lui et se comporta comme quelqu'un qui aurait perdu la raison. Quand le chambellan le vit agir ainsi, il n'en fut point réjoui ; il appela aussitôt les apprentis et leur ordonna de ligoter leur maître. Ceux-ci lui obéirent : ils lièrent leur maître et le battirent jusqu'à en être complètement fourbus[2] puis ils le délièrent. Quand il fut libéré, le maître tailleur demanda au chambellan pourquoi il l'avait fait attacher et aussi vilainement[3] maltraiter.

« Nidui me l'a conseillé, répondit-il, en me faisant entendre que périodiquement, lors des changements de lune, vous aviez des accès de démence[4] et que si l'on ne vous attachait solidement, l'un ou l'autre d'entre nous pourrait en subir les conséquences. »

Le maître tailleur appela Nidui :

« Depuis quand as-tu appris que j'avais périodiquement des accès de folie ? » lui demanda-t-il.

Et Nidui lui répliqua :

« Et vous, dites-moi donc aussi depuis quand je ne mange pas de miel ! »

Le chambellan et tous les apprentis, petits et grands, éclatèrent de rire et ce fut à juste titre, car celui qui trompe son compagnon mérite d'en recevoir la monnaie de sa pièce.

Celui qui sème le mal récolte ce qu'il a semé.

Le Tailleur du roi et son Apprenti [XIIIe s.], dans *Fabliaux du Moyen Âge*, trad. de l'ancien français par J.-C. Aubailly, Hachette, « Bibliocollège », 2000.

---

1. **Avant-coureurs** : annonciateurs.
2. **Fourbus** : épuisés.
3. **Vilainement** : méchamment.
4. **Accès de démence** : crises de folie.

La Farce de maître Pathelin

Maître Pathelin est un avocat rusé. Un berger, Thibault l'Agnelet, l'engage pour le défendre dans le procès qui l'oppose à son maître, dont il a égorgé les brebis. L'avocat propose alors un stratagème au berger : celui-ci devra se faire passer pour simple d'esprit en bêlant comme un mouton. Dans la dernière scène, Pathelin réclame ses honoraires à son client qui a remporté le procès, mais le berger se joue de lui et continue de bêler pour éviter de payer son défenseur : à malin, malin et demi !

PATHELIN, *s'approchant du berger.* – Dis, Agnelet.

LE BERGER. – Bée !

PATHELIN. – Approche, viens. Ton affaire est-elle bien réglée ?

LE BERGER. – Bée !

PATHELIN. – La partie adverse est partie, ne dis plus « bée », c'est inutile. L'ai-je bien embobiné ? Ne t'ai-je pas conseillé de belle façon ?

LE BERGER. – Bée !

PATHELIN. – Hé, dis, on ne t'entendra pas. Parle sans crainte, ne t'inquiète pas.

LE BERGER. – Bée !

PATHELIN. – Il est temps que je m'en aille. Paie-moi.

LE BERGER. – Bée !

PATHELIN. – Pour dire la vérité, tu as été excellent dans ton rôle ; excellente aussi la mine que tu faisais. Ce qui l'a achevé, c'est que tu t'es retenu de rire.

LE BERGER. – Bée !

PATHELIN. – Quoi, « bée » ? Il n'est plus besoin de le dire. Paie-moi bien et gentiment.

LE BERGER. – Bée !

PATHELIN. – Quoi, « bée » ? Parle normalement et paie-moi, je m'en irai.

Le berger. – Bée !

Pathelin. – Sais-tu quoi ? Je vais te le dire : je te prie, cesse de brailler et pense à me payer. Je ne veux plus de tes bêlements. Paie-moi vite !

Le berger. – Bée !

Pathelin. – Te moques-tu ? Est-ce là tout ce que tu feras ? Bon sang, tu me paieras, comprends-tu ? Si tu ne t'envoles pas. Allez, l'argent !

Le berger. – Bée !

Pathelin. – Tu veux rire ! Comment ? N'en tirerai-je rien d'autre ?

Le berger. – Bée !

Pathelin. – Tu en rajoutes ! Hé, à qui crois-tu vendre tes sornettes ? Sais-tu ce qu'il en est ? Cesse désormais de me débiter ton « bée » et paie-moi !

Le berger. – Bée !

Pathelin *(À part.)*. – N'en tirerai-je rien d'autre, pas d'argent ? *(Au berger.)* De qui crois-tu te moquer ? Moi qui devais être si content de toi ! Fais donc en sorte que je sois content de toi.

Le berger. – Bée !

Pathelin. – Me fais-tu manger de l'oie[1] ? Sacrebleu ! ai-je vécu jusque-là pour qu'un berger, un mouton en habit, un paillard rustaud[2] se moque de moi ?

Le berger. – Bée !

Pathelin *(À part.)*. – N'en tirerai-je rien d'autre, pas un mot ? *(Au berger.)* Si tu le fais pour te divertir, dis-le, et ne me laisse pas en discuter plus longtemps. Viens-t'en souper à la maison.

Le berger. – Bée !

---

1. **Me fais-tu manger de l'oie** : me trompes-tu.
2. **Un paillard rustaud** : un homme grossier et immoral.

Pathelin. – Par saint Jean, tu as raison. Les oisons mènent les oies paître[1] ! Je me targuais[2] de l'emporter sur tout le monde et être le maître des trompeurs d'ici et d'ailleurs, des escrocs et des faiseurs de promesses, à tenir au jour du Jugement dernier. Et un berger des champs me surpasse ! Par saint Jacques, si je trouvais un bon sergent[3], je te ferais prendre !

Le berger. – Bée !

Pathelin. – Heu ! « Bée » ! Je veux bien être pendu si je ne vais appeler un bon sergent ! Et malheur à lui s'il ne t'emprisonne !

Pathelin sort.

Le berger. – S'il me trouve, je lui pardonne !

Le berger s'enfuit.

La Farce de maître Pathelin [v. 1460], Belin-Gallimard, « Classico », 2012.

Jean de La Fontaine, « Le Coq et le Renard »

Dans le deuxième livre de ses *Fables*, paru en 1668, Jean de La Fontaine (1621-1695) reprend le thème traditionnel du trompeur trompé. Comme souvent dans ses fables, les personnages sont des animaux, mais la morale vise bien les humains.

Sur la branche d'un arbre était en sentinelle
    Un vieux Coq adroit et matois[4].
« Frère, dit un Renard, adoucissant sa voix,
    Nous ne sommes plus en querelle :
    Paix générale cette fois.
Je viens te l'annoncer ; descends que je t'embrasse[5].
    Ne me retarde point, de grâce ;

1. **Les oisons mènent les oies paître** : les petits des oies guident leurs mères vers la nourriture ; autrement dit, c'est le monde à l'envers.
2. **Je me targuais** : je me vantais, je prétendais.
3. **Sergent** : policier.
4. **Matois** : rusé.
5. **Que je t'embrasse** : que je te prenne dans mes bras.

Je dois faire aujourd'hui vingt postes sans manquer[1].
Les tiens et toi pouvez vaquer
Sans nulle crainte à vos affaires;
Nous vous y servirons en frères.
Faites-en les feux dès ce soir.
Et cependant viens recevoir
Le baiser d'amour fraternelle[2].
– Ami, reprit le Coq, je ne pouvais jamais
Apprendre une plus douce et meilleure nouvelle
Que celle
De cette paix;
Et ce m'est une double joie
De la tenir de toi. Je vois deux Lévriers[3]
Qui, je m'assure[4], sont courriers[5]
Que pour ce sujet on envoie:
Ils vont vite et seront dans un moment à nous.
Je descends: nous pourrons nous entre-baiser[6] tous.
– Adieu, dit le Renard; ma traite[7] est longue à faire:
Nous nous réjouirons du succès de l'affaire
Une autre fois.» Le galand[8] aussitôt
Tire ses grègues[9], gagne au haut[10]
Mal content de son stratagème;
Et notre vieux Coq en soi-même
Se mit à rire de sa peur;
Car c'est double plaisir de tromper le trompeur.

Jean de La Fontaine, *Fables* [1668], Belin-Gallimard, «Classico», 2012.

---

1. **Postes**: ancienne unité de distance (20 postes équivalent à 160 kilomètres environ); **sans manquer**: sans faute.
2. **D'amour fraternelle**: de paix (amour était employé au féminin).
3. **Lévriers**: chiens utilisés pour la chasse.
4. **Je m'assure**: j'en suis sûr.
5. **Courriers**: messagers.
6. **Entre-baiser**: embrasser.
7. **Traite**: trajet.
8. **Galand ou galant**: personnage adroit, rusé.
9. **Tire ses grègues**: retrousse son pantalon.
10. **Gagne au haut**: s'enfuit.

Molière, *Les Fourberies de Scapin*

Scapin, personnage principal de cette comédie de Molière (1622-1673), est un valet farceur qui manipule ses maîtres à sa guise. Dans cette scène, il entend se venger de Géronte, le père de son maître Léandre, qui a menti sur son compte. Il a donc poussé le vieil homme à se cacher dans un sac afin de se protéger de soi-disant soldats qui le chercheraient pour le tuer... Le valet se met à battre Géronte, prétendant que les coups sont donnés par les soldats, et que c'est lui-même qui est frappé.

GÉRONTE, *mettant la tête hors du sac.* – Ah ! Scapin, je n'en puis plus.

SCAPIN. – Ah ! Monsieur, je suis tout moulu[1], et les épaules me font un mal épouvantable.

GÉRONTE. – Comment ? c'est sur les miennes qu'il a frappé.

SCAPIN. – Nenni, Monsieur, c'était sur mon dos qu'il frappait.

GÉRONTE. – Que veux-tu dire ? J'ai bien senti les coups, et les sens bien encore.

SCAPIN. – Non, vous dis-je, ce n'est que le bout du bâton qui a été jusque sur vos épaules.

GÉRONTE. – Tu devais donc te retirer un peu plus loin, pour m'épargner...

SCAPIN, *lui remet la tête dans le sac.* – Prenez garde. En voici un autre qui a la mine d'un étranger. *(Cet endroit est de même celui du Gascon, pour le changement de langage, et le jeu de théâtre*[2]*.)* « Parti ! Moi courir comme une Basque[3], et moi ne pouvre[4] point troufair de tout le jour sti tiable de Gironte ? » Cachez-vous bien. « Dites-moi un peu fous, monsir l'homme, s'il ve plaist, fous savoir point où l'est sti Gironte que moi cherchair ? » Non, Monsieur, je ne

1. **Moulu** : endolori à cause des coups.
2. Dans cette tirade, Scapin imite l'accent basque. Dans la précédente, il imitait le langage gascon.
3. **Courir comme une Basque** : courir vite.
4. **Pouvre** : pouvoir.

sais point où est Géronte. « Dites-moi-le vous frenchemente, moi li fouloir pas grande chose à lui. L'est seulemente pour li donnair un petite régale sur le dos d'un douzaine de coups de bastonne, et de trois ou quatre petites coups d'épée au trafers de son poitrine. » Je vous assure, Monsieur, que je ne sais pas où il est. « Il me semble que j'y foi remuair quelque chose dans sti sac. » Pardonnez-moi, Monsieur. « Li est assurément quelque histoire là tetans. » Point du tout, Monsieur. « Moi l'avoir enfie de tonner ain coup d'épée dans ste sac. » Ah ! Monsieur, gardez-vous-en bien. « Montrele-moi un peu fous ce que c'estre là. » Tout beau, Monsieur. « Quement ? tout beau ? » Vous n'avez que faire de vouloir voir ce que je porte. « Et moi, je le fouloir foir, moi. » Vous ne le verrez point. « Ahi que de badinemente[1] ! » Ce sont hardes qui m'appartiennent. « Montre-moi fous, te dis-je. » Je n'en ferai rien. « Toi ne faire rien ? » Non. « Moi pailler de ste bastonne dessus les épaules de toi. » Je me moque de cela. « Ah ! toi faire le trole. » Ahi, ahi, ahi ; ah, Monsieur, ah, ah, ah, ah. « Jusqu'au refoir : l'estre là un petit leçon pour li apprendre à toi à parlair insolentemente. » Ah ! peste soit du baragouineux ! Ah !

GÉRONTE, *sortant sa tête du sac.* – Ah ! je suis roué.

SCAPIN. – Ah ! je suis mort.

GÉRONTE. – Pourquoi diantre faut-il qu'ils frappent sur mon dos ?

SCAPIN, *lui remettant sa tête dans le sac.* – Prenez garde, voici une demi-douzaine de soldats tout ensemble. *(Il contrefait plusieurs personnes ensemble.)* « Allons, tâchons à trouver ce Géronte, cherchons partout. N'épargnons point nos pas. Courons toute la ville. N'oublions aucun lieu. Visitons tout. Furetons de tous les côtés. Par où irons-nous ? Tournons par là. Non, par ici. À gauche. À droit. Nenni. Si fait. » Cachez-vous bien. « Ah ! camarades, voici son valet. Allons, coquin, il faut que tu nous enseignes où est ton maître. » Eh ! Messieurs, ne me maltraitez point. « Allons, disnous où il est. Parle. Hâte-toi. Expédions. Dépêche vite. Tôt. » Eh ! Messieurs, doucement. *(Géronte met doucement la tête hors du sac, et aperçoit la fourberie de Scapin.)* « Si tu ne nous fais trouver

---

1. **Badinemente** : plaisanteries, mensonges.

ton maître tout à l'heure, nous allons faire pleuvoir sur toi une ondée[1] de coups de bâton. » J'aime mieux souffrir toute chose que de vous découvrir mon maître. « Nous allons t'assommer. » Faites tout ce qu'il vous plaira. « Tu as envie d'être battu. Ah ! Tu en veux tâter ? Voilà… » Oh !

Comme il est prêt de frapper, Géronte sort du sac, et Scapin s'enfuit.

GÉRONTE. – Ah, infâme ! ah, traître ! ah, scélérat[2] ! C'est ainsi que tu m'assassines.

Molière, *Les Fourberies de Scapin* [1671], acte III, scène 2, Belin-Gallimard, « Classico », 2013.

Groupement 2

La satire des défauts humains

Garin, *Le curé qui mangea des mûres*

Dans ce fabliau du XIIIe siècle, un curé trop gourmand ne résiste pas à la tentation de manger des mûres et chute dans un fossé. La gourmandise, punie par une mésaventure comique, est ici dénoncée.

Un curé voulait aller au marché. Il fit seller sa mule et hop ! le voilà parti. On était en septembre, il faisait beau, la tiédeur de l'air était toute parfumée, et le curé sur sa mule lisait doucement son bréviaire[3] en regardant sa belle campagne… Peu à peu, tout de même, il s'approchait du bourg, lorsqu'il vit, débouchant sur la route, un chemin creux joli, joli, avec par-delà le fossé un buisson couvert de grosses mûres noires. « Sainte Vierge, dit le curé, jamais je n'ai vu d'aussi belles mûres ! »

Il entre dans le chemin, il regarde la profondeur du fossé, hésite un peu, mais il se décide : il y engage sa mule avec prudence

1. **Ondée** : pluie.
2. **Scélérat** : homme malhonnête.
3. **Bréviaire** : livre de prières.

et l'arrête juste devant le buisson. Il cueille, il cueille tendrement, et il se recueille[1] pour mieux savourer.

Les mûres fondent dans sa bouche, elles sont exquises. Qu'importe s'il doit se piquer un peu la main et les poignets ! Il ne faut pas laisser perdre les dons de Dieu.

Cependant les mûres les plus belles sont aussi les plus hautes. Elles sont toutes fraîches, toutes brillantes dans le soleil. Pour les cueillir, le curé, maintenant, monte tout debout sur la mule ; il s'assure bien, et il se régale à loisir. La mule est sage comme une image, elle ne bouge pas d'un pouce.

Sa gourmandise un peu calmée, le curé la regarde, tout attendri. Il admire qu'elle ait pu rester si longtemps pareillement tranquille : « La bonne bête ! si jamais quelqu'un criait "Hue", je ferais une belle culbute[2]. »

Le malheureux ! Il avait pensé tout haut, il avait dit : *Hue !* La mule détale, le curé tombe. Sa cheville s'est enflée d'un coup, le fossé est boueux, il n'arrive pas à se dépêtrer dans sa soutane[3], il glisse, il souffre, impossible de tenir debout, il retombe. La mule le regarde, elle revient sur la route, elle a envie de manger elle aussi, elle se met au petit trot pour regagner son presbytère[4].

Quand ils la voient rentrer, toute seule, les domestiques s'inquiètent : « Notre curé a eu un malheur, disent-ils, il est peut-être mort. Faut aller voir. » Ils partent aussi vite qu'ils peuvent et passent près du chemin creux.

Le curé les entend, il crie :

« Ho ! Ho ! Je suis là ! Je suis dans le fossé. J'ai des épines partout, aidez-moi !

– Mais qu'est-ce que vous faites là-dedans, monsieur le curé ? Agrippez-vous, allez-y… Comment donc êtes-vous tombé là ? Ce n'est pas sur la route.

– Ah ! mes amis, c'est le péché, le péché. J'avais beau lire mon bréviaire, les mûres m'ont induit en tentation[5]. Je suis monté

---

1. **Se recueille** : concentre toute son attention (le verbe appartient au vocabulaire religieux et signifie habituellement « méditer »).
2. **Culbute** : chute.
3. **Se dépêtrer** : se dégager ; **soutane** : longue robe portée par les prêtres.
4. **Presbytère** : maison du prêtre.
5. **Induit en tentation** : tenté.

sur la selle ! Ramenez-moi tout de suite, je vous en prie. Je suis moulu. »

Il ne faut jamais penser tout haut, Messeigneurs.

Garin, *Le curé qui mangea des mûres* [XIIIe s.], dans *Les Fabliaux du Moyen Âge*, trad. et adapt. de l'ancien français par P. Gaillard et F. Rachmühl, Hatier, « Œuvres et thèmes », 2002.

Jean de La Fontaine, « La Grenouille qui se veut faire aussi grosse que le Bœuf »

Dans ses *Fables*, parues en 1668, Jean de La Fontaine (1621-1695) met en scène des animaux pour critiquer les comportements humains en se protégeant de la censure. Dans cette fable, la jalousie et l'ambition démesurée sont critiquées à travers le personnage de la grenouille.

Une Grenouille vit un Bœuf
Qui lui sembla de belle taille.
Elle, qui n'était pas grosse en tout comme un œuf,
Envieuse [1] s'étend, et s'enfle, et se travaille [2]
Pour égaler l'animal en grosseur,
Disant : « Regardez bien, ma sœur ;
Est-ce assez ? dites-moi ; n'y suis-je point encore ?
– Nenni [3]. – M'y voici donc ? – Point du tout. – M'y voilà ?
– Vous n'en approchez point. » La chétive pécore [4]
S'enfla si bien qu'elle creva [5].
Le monde est plein de gens qui ne sont pas plus sages :
Tout Bourgeois veut bâtir comme les grands Seigneurs,
Tout petit Prince a des Ambassadeurs,
Tout Marquis veut avoir des Pages [6].

Jean de La Fontaine, *Fables* [1668], Belin-Gallimard, « Classico », 2012.

1. **Envieuse** : jalouse.
2. **Se travaille** : fait des efforts.
3. **Nenni** : non.
4. **La chétive pécore** : l'animal faible.
5. **Creva** : éclata.
6. **Pages** : jeunes nobles au service d'un seigneur.

Molière, *L'Avare*

Molière (1622-1673) met en scène dans cette comédie un homme tyrannique et paranoïaque, obsédé par l'argent : Harpagon. Dans cette scène, un valet nommé La Flèche dresse un portrait particulièrement sévère du vieil homme, à travers lequel le dramaturge dénonce l'avarice.

FROSINE. – Hé ! c'est toi, mon pauvre La Flèche ? D'où vient cette rencontre ?

LA FLÈCHE. – Ah ! ah ! c'est toi, Frosine. Que viens-tu faire ici ?

FROSINE. – Ce que je fais partout ailleurs : m'entremettre[1] d'affaires, me rendre serviable aux gens, et profiter du mieux qu'il m'est possible des petits talents que je puis avoir. Tu sais que dans ce monde il faut vivre d'adresse, et qu'aux personnes comme moi le Ciel n'a donné d'autres rentes[2] que l'intrigue et que l'industrie[3].

LA FLÈCHE. – As-tu quelque négoce[4] avec le patron du logis ?

FROSINE. – Oui, je traite pour lui quelque petite affaire, dont j'espère une récompense.

LA FLÈCHE. – De lui ? Ah, ma foi ! tu seras bien fine si tu en tires quelque chose ; et je te donne avis que l'argent céans[5] est fort cher.

FROSINE. – Il y a de certains services qui touchent merveilleusement.

LA FLÈCHE. – Je suis votre valet[6], et tu ne connais pas encore le seigneur Harpagon. Le seigneur Harpagon est de tous les humains l'humain le moins humain, le mortel de tous les mortels le plus dur et le plus serré[7]. Il n'est point de service qui pousse sa reconnaissance jusqu'à lui faire ouvrir les mains. De la louange,

---

1. **M'entremettre** : me mêler.
2. **Rentes** : revenus.
3. **Industrie** : habileté.
4. **Quelque négoce** : une affaire en cours.
5. **Céans** : ici.
6. **Je suis votre valet** : formule de politesse exprimant un désaccord.
7. **Serré** : avare.

de l'estime, de la bienveillance en paroles et de l'amitié tant qu'il vous plaira; mais de l'argent, point d'affaires. Il n'est rien de plus sec et de plus aride que ses bonnes grâces et ses caresses; et *donner* est un mot pour qui il a tant d'aversion[1], qu'il ne dit jamais: *Je vous donne*, mais: *Je vous prête le bonjour*[2].

FROSINE. – Mon Dieu! je sais l'art de traire les hommes[3]; j'ai le secret de m'ouvrir leur tendresse, de chatouiller leurs cœurs, de trouver les endroits par où ils sont sensibles.

LA FLÈCHE. – Bagatelles ici[4]. Je te défie d'attendrir, du côté de l'argent, l'homme dont il est question. Il est Turc[5] là-dessus, mais d'une turquerie à désespérer tout le monde; et l'on pourrait crever, qu'il n'en branlerait pas[6]. En un mot, il aime l'argent, plus que réputation, qu'honneur et que vertu[7]; et la vue d'un demandeur lui donne des convulsions. C'est le frapper par son endroit mortel, c'est lui percer le cœur, c'est lui arracher les entrailles; et si… Mais il revient; je me retire.

Molière, *L'Avare*, acte II, scène 4, Belin-Gallimard, «Classico», 2013.

Charles Perrault, *Les Fées*

Les *Histoires ou Contes du temps passé* du Charles Perrault (1628-1703) sont composés de courts récits ponctués de morales qui ne sont pas sans rappeler la structure des fabliaux. Dans *Les Fées*, la cupidité, l'orgueil et la malhonnêteté se trouvent sévèrement punis.

Il était une fois une veuve qui avait deux filles; l'aînée lui ressemblait si fort et d'humeur et de visage, que qui la voyait voyait la mère. Elles étaient toutes deux si désagréables et si orgueilleuses

---

1. **Aversion**: dégoût.
2. «Je vous donne le bonjour» était une formule de politesse employée pour saluer quelqu'un.
3. **Traire les hommes**: tirer profit des hommes.
4. **Bagatelles ici**: cela ne servira à rien dans ce cas.
5. **Turc**: cruel, dur.
6. **Il n'en branlerait pas**: il ne bougerait pas.
7. **Vertu**: qualité morale, honnêteté.

qu'on ne pouvait vivre avec elles. La cadette, qui était le vrai portrait de son Père pour la douceur et pour l'honnêteté, était avec cela une des plus belles filles qu'on eût su voir. Comme on aime naturellement son semblable, cette mère était folle de sa fille aînée, et en même temps avait une aversion effroyable pour la cadette. Elle la faisait manger à la Cuisine et travailler sans cesse.

Il fallait entre autres choses que cette pauvre enfant allât deux fois le jour puiser de l'eau à une grande demi-lieue du logis, et qu'elle en rapportât plein une grande cruche. Un jour qu'elle était à cette fontaine, il vint à elle une pauvre femme qui la pria de lui donner à boire. Oui-dà[1], ma bonne mère, dit cette belle fille; et rinçant aussitôt sa cruche, elle puisa de l'eau au plus bel endroit de la fontaine, et la lui présenta, soutenant toujours la cruche afin qu'elle bût plus aisément. La bonne femme, ayant bu, lui dit: Vous êtes si belle, si bonne, et si honnête, que je ne puis m'empêcher de vous faire un don (car c'était une Fée qui avait pris la forme d'une pauvre femme de village, pour voir jusqu'où irait l'honnêteté de cette jeune fille). Je vous donne pour don, poursuivit la Fée, qu'à chaque parole que vous direz, il vous sortira de la bouche ou une Fleur, ou une Pierre précieuse. Lorsque cette belle fille arriva au logis, sa mère la gronda de revenir si tard de la fontaine. Je vous demande pardon, ma mère, dit cette pauvre fille, d'avoir tardé si longtemps; et en disant ces mots, il lui sortit de la bouche deux Roses, deux Perles, et deux gros Diamants. Que vois-je? dit sa mère tout étonnée; je crois qu'il lui sort de la bouche des Perles et des Diamants; d'où vient cela, ma fille? (Ce fut là la première fois qu'elle l'appela sa fille.) La pauvre enfant lui raconta naïvement tout ce qui lui était arrivé, non sans jeter une infinité de Diamants. Vraiment, dit la mère, il faut que j'y envoie ma fille; tenez, Fanchon, voyez ce qui sort de la bouche de votre sœur quand elle parle; ne seriez-vous pas bien aise[2] d'avoir le même don? Vous n'avez qu'à aller puiser de l'eau à la fontaine, et quand une pauvre femme vous demandera

1. **Oui-dà**: bien sûr.
2. **Bien aise**: heureuse.

à boire, lui en donner bien honnêtement[1]. Il me ferait beau voir[2], répondit la brutale, aller à la fontaine. Je veux que vous y alliez, reprit la mère, et tout à l'heure. Elle y alla, mais toujours en grondant. Elle prit le plus beau Flacon d'argent qui fût dans le logis. Elle ne fut pas plus tôt arrivée à la fontaine qu'elle vit sortir du bois une Dame magnifiquement vêtue qui vint lui demander à boire : c'était la même Fée qui avait apparu à sa sœur mais qui avait pris l'air et les habits d'une Princesse, pour voir jusqu'où irait la malhonnêteté de cette fille. Est-ce que je suis ici venue, lui dit cette brutale orgueilleuse, pour vous donner à boire, justement j'ai apporté un Flacon d'argent tout exprès pour donner à boire à Madame ! J'en suis d'avis, buvez à même[3] si vous voulez. Vous n'êtes guère honnête, reprit la Fée, sans se mettre en colère ; hé bien ! puisque vous êtes si peu obligeante[4], je vous donne pour don qu'à chaque parole que vous direz, il vous sortira de la bouche ou un serpent ou un crapaud. D'abord que[5] sa mère l'aperçut, elle lui cria : Hé bien, ma fille ! Hé bien, ma mère ! lui répondit la brutale, en jetant deux vipères, et deux crapauds. Ô Ciel ! s'écria la mère, que vois-je là ? C'est sa sœur qui en est cause, elle me le paiera ; et aussitôt elle courut pour la battre. La pauvre enfant s'enfuit, et alla se sauver dans la Forêt prochaine[6]. Le fils du Roi qui revenait de la chasse la rencontra et la voyant si belle, lui demanda ce qu'elle faisait là toute seule et ce qu'elle avait à pleurer. Hélas ! Monsieur c'est ma mère qui m'a chassée du logis. Le fils du Roi, qui vit sortir de sa bouche cinq ou six Perles, et autant de Diamants, la pria de lui dire d'où cela lui venait. Elle lui conta toute son aventure. Le fils du Roi en devint amoureux, et considérant qu'un tel don valait mieux que tout ce qu'on pouvait donner en mariage à un autre, l'emmena au Palais du Roi son père où il l'épousa. Pour sa sœur[7], elle se fit tant haïr, que sa propre mère la chassa de chez elle ; et la malheureuse, après

1. **Honnêtement** : aimablement.
2. **Il me ferait beau voir** : il n'en est pas question.
3. **À même** : à même la fontaine, directement à l'eau de la fontaine.
4. **Obligeante** : serviable, aimable.
5. **D'abord que** : dès que.
6. **La Forêt prochaine** : la forêt voisine.
7. **Pour sa sœur** : quant à sa sœur.

avoir bien couru sans trouver personne qui voulût la recevoir, alla mourir au coin d'un bois.

MORALITÉ

Les Diamants et les Pistoles[1]*,*
Peuvent beaucoup sur les Esprits ;
Cependant les douces paroles
Ont encor[2] *plus de force, et sont d'un plus grand prix.*

AUTRE MORALITÉ

L'honnêteté coûte des soins,
Elle veut un peu de complaisance,
Mais tôt ou tard elle a sa récompense,
Et souvent dans le temps qu'on y pense le moins.

Charles Perrault, *Les Fées*, dans *Contes* [1697],
Gallimard, « Folio classique », 1999.

---

1. **Pistoles** : anciennes pièces de monnaie.
2. **Encor** : ancienne orthographe de « encore ».

Autour de l'œuvre

Contexte historique et culturel

Le Moyen Âge, une longue période de mutations

On date le début du Moyen Âge à la fin du Ve siècle. Clovis installe sa résidence royale à Paris et agrandit considérablement le royaume que ses fils se partagent à sa mort. Charlemagne, qui règne de 768 à 814, étend à son tour le royaume par les nombreuses guerres qu'il mène.

Cependant, les querelles des successeurs de Charlemagne entraînent par la suite un morcellement du territoire et un affaiblissement du pouvoir royal. En effet, face aux nombreuses invasions des Vikings, la défense des hommes et des biens est peu à peu déléguée aux seigneurs, qui prennent de plus en plus d'importance. Ils prêtent serment d'obéissance au roi mais sont maîtres de leurs domaines, et font construire des châteaux forts pour se protéger des invasions ennemies.

Au début du XIIIe siècle, sous le règne de Louis IX (saint Louis), le royaume de France connaît une période de paix et de prospérité et devient le plus important d'Europe, doté de la plus grande armée et de la plus grande superficie. Mais en 1337, la guerre de Cent Ans éclate entre la France et l'Angleterre. S'y ajoute une épidémie de peste qui s'abat sur l'Europe et décime les populations. La guerre, l'épidémie et la famine deviennent intolérables pour les paysans qui ne supportent plus leur misérable condition et se révoltent. Ce soulèvement populaire est réprimé dans une extrême violence.

À la fin du XVe siècle, les grandes découvertes élargissent l'horizon du monde : s'amorce alors la Renaissance.

L'organisation de la société médiévale

Au Moyen Âge, la société se divise en ordres bien distincts. Les seigneurs, qui prêtent serment d'allégeance au roi, ont autorité sur leurs domaines et leurs vassaux. Ceux-ci doivent obéissance à leur suzerain en échange de son aide et de sa protection.

La population des campagnes est constituée de deux catégories de paysans : les serfs, soumis à l'autorité exclusive du suzerain, et les vilains, qui sont des paysans libres. Le développement des villes entraîne la naissance d'une nouvelle catégorie sociale qui s'enrichit peu à peu : celle des bourgeois (signifiant à l'origine « habitants du bourg »), qui sont pour la plupart des artisans ou des commerçants.

Enfin, le clergé occupe une place essentielle dans une société où, depuis l'an mille, la majorité de la population est chrétienne. La vie quotidienne est rythmée par les cérémonies religieuses. Cependant, les hauts représentants de l'Église se comportent en seigneurs : ils possèdent des terres et récoltent des impôts. Dans les fabliaux notamment, les écrivains de l'époque dénoncent ce train de vie peu conforme au message de Jésus-Christ.

Le développement des arts

Le Moyen Âge est souvent considéré comme une période obscure et barbare ; c'est pourtant une période riche sur le plan artistique.

En effet, dans le domaine de l'architecture, le développement de la foi chrétienne entraîne la construction de nouveaux lieux de culte, des églises romanes aux majestueuses cathédrales gothiques.

La religion constitue aussi une importante source d'inspiration pour les peintres et les sculpteurs, qui représentent des scènes clés de la Bible et décorent les églises. La production musicale est également marquée par l'inspiration religieuse, à laquelle s'ajoute la musique de cour : les troubadours, trouvères et autres ménestrels distraient les seigneurs par des poèmes, des chants et des danses.

Durant la seconde moitié du Moyen Âge, la littérature se développe. Le latin est progressivement abandonné au profit du roman, langue qui donne par la suite son nom au genre littéraire. Les récits de chevalerie et les chansons de geste prônent les valeurs du courage et de la courtoisie et sont considérés comme les genres nobles, à côté des genres plus légers, bien qu'à visée morale, que sont la farce et le fabliau.

Entre le XIIe et XIIIe siècle, le développement des villes et de la bourgeoisie favorise en effet l'apparition d'une littérature comique. Les fabliaux (du latin « fabula » qui signifie « histoire ») sont des récits courts, dont les personnages sont réduits à quelques traits caractéristiques (le paysan naïf, le moine cupide, le bourgeois ridicule…) et font rire par leurs défauts. La plupart des fabliaux sont anonymes et se transmettent oralement par les jongleurs allant de foire en foire. Mais certains auteurs, qui sont des clercs (des personnes lettrées) du nord ou du centre de la France, les ont mis par écrit. Nous connaissons ainsi Jean Bodel, Barbazan, ou Rutebeuf.

Repères chronologiques

Vers 481	**Couronnement de Clovis, roi des Francs. Début du Moyen Âge.**
768-814	**Règne de Charlemagne.**
Début IXe s.	Naissance de l'art roman.
XIe s.	Chants en langue d'oc de Guillaume IX de Poitiers, troubadour.
Fin du XIe s.	*La Chanson de Roland* (chanson de geste).
Début XIIe s.	Naissance de l'art gothique.
Vers 1160	Premiers fabliaux.
Fin du XIIe s.	Jean Bodel, *Brunain, la Vache au prêtre* (fabliau).
	Chrétien de Troyes, *Yvain ou le Chevalier au lion* (roman de chevalerie).
1180-1223	**Règne de Philippe Auguste.**
1226-1270	**Règne de Louis IX (saint Louis).**
Début XIIIe s.	*Estula* (fabliau).
Milieu XIIIe s.	Fabliaux et poèmes de Rutebeuf (dont *La Complainte Rutebeuf).*
1337-1453	**Guerre de Cent Ans.**
Vers 1340	Derniers fabliaux.
1360-1365	Guillaume de Machaut, *Messe de Notre-Dame*, première œuvre polyphonique à quatre voix (chanson).
1415	Invention de la perspective par l'architecte Filippo Brunelleschi.
1492	**Découverte de l'Amérique par Christophe Colomb. Fin du Moyen Âge.**

Les grands thèmes de l'œuvre

La peinture de la vie quotidienne

Des personnages anonymes et caricaturaux

Les fabliaux mettent en scène des personnages connus du public populaire de l'époque : il est peu question de grands seigneurs ou de hauts membres du clergé. Au contraire, les paysans sont mis à l'honneur, de même que les bourgeois, les petits seigneurs locaux ou les curés de village. Les paysans sont dépeints comme des travailleurs de la terre dépourvus d'éducation et de clairvoyance (*Le Vilain de Farbu*), qui sont souvent bernés par plus intelligents qu'eux (*Brunain, la Vache au prêtre*) mais peuvent aussi faire preuve de ruse et de malice (*Le Vilain devenu médecin*; *Les Perdrix*).

Dans les fabliaux, les personnages sont rarement dotés de noms et sont plutôt identifiés par leur fonction (comme le chevalier et le prévôt dans *La Capuche du prévôt*) ou par leur place dans la société (tels le prêtre et les paysans dans *Brunain, la Vache au prêtre*). Cela permet à chacun de se reconnaître dans ces personnages types : tous les lecteurs peuvent se sentir concernés par les moralités qui découlent des mésaventures racontées. De surcroît, l'anonymat des personnages permet aux auteurs des fabliaux de se moquer librement de leurs contemporains, sans craindre de s'attirer des ennuis.

Les activités de la vie quotidienne

Les personnages des fabliaux s'adonnent aux activités de la vie quotidienne. Les paysans cultivent leurs terres (*Le Vilain devenu médecin*), assistent aux cérémonies religieuses (*Brunain, la Vache au prêtre*), se rendent au marché (*Le Vilain Ânier*; *Le Vilain de Farbu*) et cuisinent le gibier attrapé à la chasse (*Les Perdrix*). Les seigneurs assurent la protection de leurs sujets (*Le Vilain devenu médecin*), organisent de grands banquets (*La Capuche du prévôt*) et rendent la justice (*La vieille qui graissa la patte au chevalier*). Enfin, les prêtres rendent visite à leurs paroissiens (*Les Perdrix*) et les guident dans leur vie quotidienne par leurs sermons (*Brunain, la Vache au prêtre*). Contrairement aux chansons de geste et récits de chevalerie de l'époque, les fabliaux ne mettent pas en scène des personnages d'exception accomplissant des actions héroïques, mais des héros ordinaires dans leurs activités quotidiennes.

Richesse et pauvreté

L'argent et la possession des biens sont au cœur des préoccupations des personnages dans de nombreux fabliaux. Les richesses des uns attisent l'envie et la jalousie des autres (*La Capuche du prévôt*). Elles sont également à l'origine de conflits familiaux (*La Couverture partagée*). L'argent apparaît comme un moyen de pression des puissants sur les plus faibles (*La vieille qui graissa la patte au chevalier*) et le vol semble un recours pour les plus démunis (*Estula*; *Le larron qui embrassa un rayon de lune*).

Une satire de la société médiévale

La critique des défauts humains

Les fabliaux mettent en évidence de nombreux défauts des hommes. La naïveté et la sottise des paysans sont traitées dans plusieurs fabliaux du volume : dans *Les Perdrix*, l'époux et le prêtre croient bêtement les mensonges de la femme, et dans *Brunain, la Vache au prêtre* ou dans *Le Vilain de Farbu*, les paysans appliquent à la lettre les recommandations données par un prêtre ou par un compagnon sans faire preuve d'esprit critique.

Les membres du clergé apparaissent peu conformes aux comportements qu'ils prônent dans leurs sermons : trop gourmands (*Les Perdrix*), trop paresseux (*Estula*) ou trop cupides (*Brunain, la Vache au prêtre*), ils ne sont guère de bons exemples pour leurs fidèles !

Les plus riches ne brillent pas non plus par leurs qualités : les prévôts, loin de faire régner la justice, se montrent particulièrement injustes avec les vieilles femmes (*La vieille qui graissa la patte au chevalier*) ou se conduisent en « fripouille[s] » (p. 67) en volant leur propre seigneur (*La Capuche du prévôt*) ; les riches propriétaires comme les maîtres d'Estula sont idiots au point de croire que leur chien parle.

Le mensonge et la tromperie font également l'objet de la critique : c'est le cas dans *Les Perdrix* ou dans *Le Vilain devenu médecin*, où les personnages usent de ruse pour se sortir de situations périlleuses. Il en va de même pour les péchés tels que la gourmandise (*Les Perdrix*) ou la cupidité (*La Couverture partagée* ; *Brunain, la Vache au prêtre* ; *Le Vilain et l'Oiselet*).

À travers les situations cocasses mises en scène par les fabliaux, les personnages sont ridiculisés, ce qui donne lieu à des moralités qui visent non seulement à critiquer leurs défauts, mais aussi à donner des leçons pour mieux corriger ceux-ci.

Les ressorts du comique

Dans les fabliaux, la critique repose sur l'humour : la satire fait en effet appel à tous les ressorts du comique, dans le but de faire rire les auditeurs et les lecteurs. Les quiproquos (*Les Perdrix*), retournements de situations (*Le Vilain et la Tarte*) et situations grotesques (*La Capuche du prévôt*) s'ajoutent aux traits de caractère risibles des personnages (*La Farce du cuvier*). Le comique verbal repose sur des jeux de mots et des détournements d'expressions (*Estula* ; *La vieille qui graissa la patte au chevalier* ; *Le Vilain et la Tarte*).

Le comique de gestes est directement hérité de la farce, l'autre genre populaire qui se développe à la même période. Il provient des courses-poursuites (*Les Perdrix*), des chutes (*Le larron qui embrassa un rayon de lune*) ainsi que des coups de bâtons (*Le Vilain devenu médecin* ; *La Farce du cuvier*).

La dénonciation des rapports de force

La violence des rapports conjugaux est mise en évidence par plusieurs fabliaux : le vilain bat son épouse dans *Le Vilain devenu médecin*, la femme se comporte de façon tyrannique dans *La Farce du cuvier* et dans *La Couverture partagée*. On notera d'ailleurs que, gourmande et trompeuse dans *Les Perdrix*, ou exigeante et sans cœur dans les deux précédents fabliaux, la femme ne jouit pas d'une image très positive au Moyen Âge !

Mais ce sont surtout les rapports de force entre puissants et faibles qui sont dénoncés dans les fabliaux : prêtres, prévôts et sénéchaux exercent sur les plus faibles un pouvoir abusif (*La vielle qui graissa la patte au chevalier*; *Le Vilain et la Tarte*) et profitent de leur naïveté ou de leur manque d'éducation (*Brunain, la Vache au prêtre*; *Le Vilain et la Tarte*). Dans une société où l'on naît et meurt dans le même ordre (religieux, noble ou roturier) et où aucune évolution sociale ne semble possible (*Le Vilain Ânier*), les moralités des fabliaux donnent aussi des conseils avisés aux modestes membres du peuple afin qu'ils puissent se défendre et qu'ils ne se laissent pas abuser (*La Capuche du prévôt*; *Le Vilain et l'Oiselet*; *Le Vilain et la Tarte*).

Fenêtres sur...

Des ouvrages à lire

Des récits du Moyen Âge

• ***Fabliaux***, **Gallimard, « Folio classique », 1999.**
Entre époux trompés, marchands malhonnêtes et moines gloutons, ce recueil rassemble les fabliaux les plus populaires et incontournables du Moyen Âge.

• ***Le Roman de Renart*** **[1174-1250], Belin-Gallimard, « Classico », 2010.**
Passé maître dans l'art de la ruse, Renart le goupil est prêt à tout pour assouvir sa faim. Au cours de nombreuses péripéties, il berne Tibert le chat, Ysengrin le loup ou encore Dame Pinte la poule. Mais ces derniers n'entendent pas se laisser faire !

• ***La Farce de maître Pathelin*** **[vers 1460], Belin-Gallimard, « Classico », 2012.**
Avocat sans le sou, l'avocat Pathelin imagine un stratagème pour dérober une pièce de tissu au drapier Guillaume. Mais celui-ci n'entend pas se laisser berner et veut prendre sa revanche au cours d'un procès dans lequel Pathelin prend en charge la défense de Thibault l'Agnelet, qui a tué les brebis de son maître. Dans cette farce où s'enchaînent supercheries, quiproquos et coups de théâtre, les trompeurs finissent souvent trompés.

Une adaptation de *La Farce du cuvier* en bande dessinée

• Simon et Jean Léturgie, *La Farce du cuvier* [XVe s.], Vents d'Ouest, 2005.

Cette bande dessinée est une adaptation fidèle de La Farce du cuvier *dans laquelle Jacquinot est las des ordres et menaces de son épouse et de sa belle-mère. Désireux de redevenir maître en son logis, il semble bien décidé à laisser se noyer son épouse, tombée par mégarde dans le cuvier.*

Des œuvres du XVIIe siècle en lien avec les fabliaux

• Molière, *Le Médecin malgré lui* [1666], Belin-Gallimard, « Classico », 2013.

Comme dans Le Vilain devenu médecin, *Sganarelle subit la vengeance de son épouse. Furieuse contre lui parce qu'il lui a donné des coups de bâtons, elle fait croire qu'il est médecin, conduisant Sganarelle à faire preuve de trésors d'inventivité pour guérir Lucinde, la fille du seigneur Géronte.*

• Jean de La Fontaine, *Fables* [1668], Belin-Gallimard, « Classico », 2012.

À travers de courtes histoires plaisantes, dont beaucoup reprennent les thèmes abordés dans les fabliaux, La Fontaine pose un regard critique sur les défauts des hommes et transmet à ses lecteurs de précieuses leçons de sagesse.

Un roman contemporain se déroulant au Moyen Âge

• Jean-Côme Noguès, *Le Faucon déniché* [1972], Pocket Jeunesse, « Pocket junior », 2010.

Ce roman historique retrace les aventures émouvantes d'un jeune gardeur d'oies qui a osé élever en secret un rapace, oiseau de proie à l'époque exclusivement réservé aux chevaliers et interdit aux serfs. Dans un second volet paru en 2011 sous le titre L'Enfant de la forêt, *le héros devient l'ami d'un jeune garçon dont la famille a été décimée par les Croisés...*

Des films à voir

(Toutes les œuvres citées ci-dessous sont disponibles en DVD.)

• **Jean-Marie Poiré, *Les Visiteurs*, avec Jean Reno, Christian Clavier, Valérie Lemercier et Marie-Anne Chazel, 1993.**
Dans cette comédie, le comte de Montmirail et son fidèle écuyer sont transportés à l'époque moderne par le sortilège d'un enchanteur. Leur confrontation avec la technologie, le mode de vie et la façon de parler du XX*e* *siècle donne lieu à de nombreux gags et permet de découvrir les mœurs du Moyen Âge brossées avec humour.*

• **Antoine Fuqua, *Le Roi Arthur*, avec Clive Owen et Keira Knightley, 2004.**
Ce film retrace l'accession au trône du roi Arthur. Bien qu'il prenne de nombreuses libertés par rapport à la réalité historique, le réalisateur propose une fresque héroïque dans laquelle les costumes et les décors du Moyen Âge sont assez fidèlement reconstitués.

Des lieux à visiter

• **Les cathédrales et églises gothiques** *dont regorge le patrimoine architectural français : à Amiens, Rouen, Chartres ou Paris, on peut admirer la finesse de leurs sculptures et de leurs vitraux qui témoignent de la richesse culturelle du Moyen Âge.*

• **La basilique-cathédrale de Saint-Denis,** *située en région parisienne, est considérée comme le premier chef-d'œuvre monumental de l'art gothique. Elle abrite une nécropole royale et une collection unique de gisants, de tombeaux sculptés et de vitraux datant du* XII*e* *siècle.*

• **Le musée de l'abbaye de Cluny,** *situé à Paris, retrace l'histoire du Moyen Âge et expose les œuvres et les objets du quotidien qui ont marqué cette époque.*

• **Le parcours «Objets d'art-Moyen Âge» du musée du Louvre,** *à Paris, permet de découvrir les chefs-d'œuvre de l'art médiéval: statuettes, patènes, reliquaires, enluminures, parchemins et autres tapisseries y sont exposés.*

@ *Des sites Internet à consulter*

Des fabliaux à lire et à écouter

• **http://fontenele.free.fr/fabliaux/**
Pour lire d'autres fabliaux.

• **www.litteratureaudio.com/livre-audio-gratuit-mp3/anonyme-fabliaux-du-moyen-age.html**
*Pour écouter des enregistrements de lectures d'*Estula, *de* La vieille qui graissa la patte au chevalier *et des* Perdrix.

Sur le Moyen Âge

• **http://www.musee-moyenage.fr/**
Pour découvrir une sélection d'œuvres exposées au musée du Moyen Âge de Cluny, à Paris (onglets «Collection»).

• **http://classes.bnf.fr/ema/index.htm**
Grâce à cette exposition en ligne sur le thème de l'enfance au Moyen Âge proposée par la Bibliothèque nationale de France, découvrez des documents et des textes riches et précis sur la société ou la famille au Moyen Âge.

Dans la même collection

CLASSICOCOLLÈGE

Contes (Andersen, Aulnoy, Grimm, Perrault) (93)
Fabliaux (94)
Gilgamesh (17)
La Poésie engagée (anthologie) (31)
La Poésie lyrique (anthologie) (49)
Jean Anouilh – *Le Bal des voleurs* (78)
Béroul – *Tristan et Iseut* (61)
Driss Chraïbi – *La Civilisation, ma Mère !...* (79)
Albert Cohen – *Le Livre de ma mère* (59)
Annie Ernaux – *La Place* (82)
Georges Feydeau – *Dormez, je le veux !* (76)
Gustave Flaubert – *Un cœur simple* (77)
William Golding – *Sa Majesté des Mouches* (5)
Homère – *L'Odyssée* (14)
Joseph Kessel – *Le Lion* (38)
Jean de La Fontaine – *Fables* (74)
J.M.G. Le Clézio – *Mondo et trois autres histoires* (34)
Guy de Maupassant – *Le Horla* (54)
Guy de Maupassant – *Nouvelles réalistes* (97)
Prosper Mérimée – *Mateo Falcone* et *La Vénus d'Ille* (8)
Molière – *Les Fourberies de Scapin* (9)
Molière – *Le Médecin malgré lui* (13)
Jean Molla – *Sobibor* (32)
William Shakespeare – *Roméo et Juliette* (70)
John Steinbeck – *Des souris et des hommes* (100)
Robert Louis Stevenson – *L'Île au trésor* (95)
Michel Tournier – *Vendredi ou la Vie sauvage* (69)
Fred Uhlman – *L'Ami retrouvé* (80)